일터에서
만난 예수님

일터에서 만난 예수님

저자 원용일

초판 1쇄 발행 2021. 7. 19.

발행처 도서출판 브니엘
발행인 권혁선

등록번호 서울 제2006-50호
등록일자 2006. 9. 11.

서울특별시 송파구 백제고분로28길 25 B101호 (05590)
마케팅부 02)421-3436
편집부 02)421-3487
팩시밀리 02)421-3438

ISBN 979-11-90308-52-6 03230

독자의견 02)421-3487
이메일 editorkhs@empal.com

북카페 주소 cafe.naver.com/penielpub.cafe
인스타그램 @peniel_books

도서출판 브니엘은 독자들의 원고를 설레는 마음으로 기다리고 있습니다.
위의 이메일로 간단한 기획 내용 및 원고, 연락처 등을 보내주십시오.

도서출판 브니엘은 갓구운 빵처럼 항상 신선한 책만을 고집합니다.

직 장 인 을 · 위 한 · 에 세 이 · 묵 상

일터에서
만난 예수님

원용일 | 직장사역연구소 소장

브니엘

"누구든지 나의 이 말을 듣고 행하는 자는 그 집을 반석 위에 지은 지혜로운 사람 같으리니." "나는 마음이 온유하고 겸손하니 나의 멍에를 메고 내게 배우라."

복음서에 나오는 예수님의 말씀을 보면 '목수'라고 알려졌던 직업을 연상시키는 말씀이 종종 나온다. 일하는 사람에게는 예수님이 일을 해보셨다는 점이 꽤 위안이 된다.

예수님이 어떻게 일하셨는지 상세한 기록은 없지만 상상은 해볼 수 있다. 그런 점에서 영화 〈패션 오브 크라이스트〉에서 예수님의 십자가 죽음 이전 마리아가 회상하는 다섯 장면 중 일하는 예수님을 묘사한 것이 인상적이다. 유대인들이 쓰던 식탁이 아닌 의자에 앉아서 식사하는 부자들을 위한 식탁을 목수 예수님이 만들었다. 아마도 로마문화에 영향받은 사람들을 위한 신제품을 만들며 창의적으로 일하시는 예수님을 묘사한 것으로 보인다.

복음서를 통해서 우리도 얼마든지 일하시는 예수님을 상상할 수 있다. 오늘도 일터에서 만날 수 있는 분, 예수님을 얼마든지 우리도 묵상할 수 있다. 베드로의 일터에 예수님이 심방오셨던 일을 오늘 우리도 경험할 수 있다. 일터에서 만날 수 있는 예수님을 상상하며 여섯 주제로 64편의 묵상을 실었다. 일터 소명, 하나님 나라, 제자도, 인간관계, 복음, 믿음에 대해 다루었다.

우리는 일하시는 예수님에게 배워 일하는 제자로 일터 소명을 실천해야 한다. 예수님의 첫 선포의 주제이며 사역 내내 보여주신 하나님 나라를 우리 삶의 우선순위로 삼아야 한다. 우리는 제자도를 일터에서 확인해야 한다. "일터에서 나는 예수님의 제자인가?" 수시로 질문해야 한다. 함께 일하는 사람들과 일하고 사랑하며 실천한 관계의 미덕은 복음서에서 손쉽게 접할 수 있는 주제이다. 예수님의 십자가 죽음과 부활을 통해 얻는 우리의 구원을 다룬 복음 주제도 놓치지 말아야 할 부분이고, 쉽지 않은 비즈니스 현장에서 믿음을 훈련하는 기회를 가지는 일 또한 우리 크리스천 직업인에게 요긴한 주제이다.

일하는 사람이 겪을 만한 일을 통해 말씀을 묵상하도록 만든 이 책은 출퇴근시간에 직장인들이 말씀을 묵상하면 좋겠다는 생각에서 출발했다. 코로나19 바이러스가 여전했던 2021년 새해를 맞으면서 유튜브 〈일터소명〉 채널에서 '출근길 묵상 365'라는 영상으로 매일 올렸던 묵상의 내용이다. 창세기에 이어 '일터에서 만난 예수님'을 주제로 매일 묵상을 나누었다. 아무쪼록 이 또 하나의 묵상집이 '예수님과 함께 일하기'라는 우리 직업인의 필요를 효과적으로 채울 수 있기를 기대한다.

글쓴이 원용일

Part 3. 제자도
일터에서 당신은 예수님의 제자인가

Part 4. 인간관계
함께 일하라! 사랑하라!

Part 5. 복음
일하는 제자, 복음에 심취하다

내가 내 아버지의 이름으로 행하는 일들이 나를 증거하는 것이거늘
너희가 내 양이 아니므로 믿지 아니하는도다. 내 양은 내 음성을 들으며
나는 그들을 알며 그들은 나를 따르느니라. 요 10:25-27

일하시는
예수님
일하는
제자들

01

일터 소명

일터에 찾아오신 예수님

인생살이에 지친 한 사람, 지독한 불황을 겪고 있는 사람이 있었다. 그에게 예수님이 심방을 오셨다. 그의 일터인 바닷가로 직접 찾아오셨다. 예수님이 만난 사람은 베드로였다. 이 일터 심방으로 베드로의 인생이 어떻게 달라졌는지 들여다보자.

예수님은 꽤 이른 새벽에 심방을 오셨다. 베드로의 일터는 어수선했다. 밤새도록 고기잡이를 하고 돌아온 직후였다. 조업했던 그물을 씻고 나면 집에 가서 잠자리에 들어야 했다. 베드로는 피곤했다. 하지만 마음대로 쉴 수가 없었다. 이미 수많은 사람이 해변으로 몰려들고 있었다.

누가복음에서 어부 베드로의 소명에 대해 기록해준다. "예수께서 한 배에 오르시니 그 배는 시몬의 배라. 육지에서 조금 떼기를 청하시고 앉으사 배에서 무리를 가르치시더니 말씀을 마치시고 시몬에게 이르시되 깊은 데로 가서 그물을 내려 고기를 잡으라. 시몬이 대답하여 이르되 선생님 우리들이 밤이 새도록 수고하였으되 잡은 것이 없지마는 말씀에 의지하여 내가 그물을 내리리이다 하고 그렇게 하니 고기를 잡은 것이 심히 많아 그물이 찢어지는지라. 이에 다른 배에 있는 동무들에게 손짓하여 와서 도와 달라 하니 그들이 와서 두 배에 채우매 잠기게 되었더라. ···그들이 배들을 육지에 대고 모든 것을 버려두고 예수를 따르니라"(눅 5:3-7, 11).

베드로의 일터에 오신 예수님은 베드로의 배에 오르셨고 배를 육지에서 조금 떼라고 하셨다. 그러니 배 주인인 베드로가 배만 빌려드리고 떠날 수가 없었다. 배가 흔들리지 않도록 배를 잡고 있어야 했다. 밤새 일했어도 잡은 고기가 한 마리도 없어 더욱 피곤한 베드로였지만 배가 흔들리지 않도록 신경 쓰며, 꼼짝없이 예수님의 말씀을 들어야 했다. 그런데 이것은 예수님이 의도하신 상황이었다. 피곤한 베드로가 말씀을 듣도록 예수님이 특별히 마련하신 '무대장치'였다. 이런 일이 우리에게도 필요하다. 일하느라 피곤하고 지쳤는가? 그렇더라도 일터에 심방오신 주님을 외면하지 말아야 한다. 힘들어도 말씀 들을 기회를 놓치지 말아야 한다.

말씀을 마치신 후 예수님은 베드로에게 깊은 데로 가서 그물을 던져 고기를 잡으라고 하셨다. 베드로는 보통 고기잡이하던 밤에 그물을 수도 없이 던지면서 고기를 잡으려고 애썼다. 그런데 밤새 한 마리도 못 잡았다. 더구나 게네사렛 호수는 해가 떠 있는 한낮에는 깊은 곳에 물고기가 머물지 않는다. 수압관계 때문이다. 베드로는 그 호수에서 잔뼈가 굵은 베테랑 어부였다. 그렇지만 예수님 말씀을 따라 순종하기로 했다. 예수님이 하시는 말씀을 듣다 보니 그분이 보통 분이 아니라는 생각이 들었다.

베드로는 예수님 말씀의 권위에 순종하여 깊은 데로 배를 몰아갔다. 한참 노를 저었다. 깊은 곳에서 베드로는 그물을 내렸고 많은 물고기를 잡았다. 이렇게 베드로가 예수님 말씀에 순종한 그의 일터에서 이적이 나타났다. 말씀에 순종해서 놀라운 결과를 본 베드로는 예수님의 신성에 대해서 알게 되었다. 초라하고 나약한 자신의 존재에 대해서도 깨달았다. 그래서 베드로는 예수님 앞에 엎드려 자신이 죄인임을 고백한다. 이런 고백을 하는 베드로에게 예수님은 새로운 소명을 주신다. 그래서 베드로뿐만 아니라 함께 감화를 받은 그의 동료들까지도 모든 것을 버려두고 주님을 따르는 제자의 삶을 살게 되었다.

주님께서 베드로가 일하던 현장 갈릴리 호수에 찾아오셨을 때 베드로와 그 동료들의 인생에 놀라운 변화가 있었다. 오늘 우리 일터에도 찾아오시는 주님을 우리가 제대로 알아차리고 모셔야 한다. 일하는 현장에 찾아오신 주님을 따르고 순종하는 삶이 바로 일하는 제자의 소명이다. 우리 삶의 변화를 기대하며 오늘 하루도 예수님과 함께 일하기를 주님이 바라신다. 우리 일터에 찾아오신 주님의 요구에 어떻게 부응할 것인가?

"일터에서도 사람들을 부르시는 하나님, 베드로의 일터에 찾아오신 주님이 오늘 저의 일터도 방문하십니다. 저와 함께 일하시는 주님을 제대로 볼 수 있는 안목을 허락해주소서. 예수님의 말씀에 순종하며 일하게 도와주소서. 베드로처럼 저도 일터에서 사람을 사로잡는 소명의 삶을 살아가게 인도해주소서."

>>> 누가복음 5:4-11

02
일터 소명

크리스천 직업인의
세 가지 미덕

초기 미국 역사를 빛낸 정치인이자 다방면에서 인류에 기여한 벤저민 프랭클린이 젊었을 때 이야기다. 한 친구가 이렇게 충고했다. "넌 정말 왜 그러니? 너와 의견이 다른 사람은 모두 공격하니 너의 날카로운 말을 견딜 수 없어 해. 네게 무슨 말을 하려는 사람은 늘 기분이 잡친다잖니? 너는 결국 사람들과 대화가 안 되어서 새로운 지식을 얻기 힘들 거야." 친구의 진심 어린 충고에 충격을 받은 프랭클린은 인간관계에서 자기에게 큰 잘못이 있다는 점을 깨달았다. 그래서 자신의 오만하고 무례한 버릇을 고쳐 겸손하려고 노력했다. 일터에서 직업인으로 살아가면서 실수도 하지만 자기 잘못을 고치고 겸손하게 아름다운 미덕을 배워나가는 자세는 참 중요하다.

베드로의 소명에 대한 말씀을 한 번 더 살펴본다. "말씀을 마치시고 시몬에게 이르시되 깊은 데로 가서 그물을 내려 고기를 잡으라. 시몬이 대답하여 이르되 선생님 우리들이 밤이 새도록 수고하였으되 잡은 것이 없지마는 말씀에 의지하여 내가 그물을 내리리이다 하고 그렇게 하니 고기를 잡은 것이 심히 많아 그물이 찢어지는지라. 이에 다른 배에 있는 동무들에게 손짓하여 와서 도와 달라 하니 그들이 와서 두 배에 채우매 잠기게 되었더라. 시몬 베드로가 이를 보고 예수의 무릎 아래에 엎드려 이르되 주여 나를 떠나소서. 나는 죄인이로소이다 하니 이는 자기 및 자기와 함께 있는 모든 사람이 고기 잡힌 것으로 말미암아 놀라고 세베대의 아들로서 시몬의 동업자인 야고보와 요한도 놀랐음이라. 예수께서 시몬에게 이르시되 무서워하지 말라. 이제 후로는 네가 사람을 취하리라 하시니 그들이 배들을 육지에 대고 모든 것을 버려두고 예수를 따르니라"(눅 5:4-11).

예수님이 아침 일찍 바닷가에서 말씀을 전하실 때 일을 마치고 그물을 씻던 베드로의 배에 올라 말씀을 전하셨다. 말씀을 마치신 예수님이 베드로에게 깊은 데로 가서 그물을 내리라고 할 때 베드로가 했던 말에 주목해야 한다. "우리들이 밤이 새도록 수고하였으되 잡은 것이 없지마는 말씀에 의지하여 내가 그물을 내리리이다"(5절). 베드로에게 이런 열정이 있었다. 밤새 열심히 던졌음에도 실패했지만 말씀에 의지해 다시 그물을 내리겠다고 말한다. 우리도 일터 현장에서 그물을 던진다. 그런데 그물을 던지기만 하면 고기가 다 잡히지는 않는다. 성과가 없더라도 우리는 계속 그물을 던진다. 사람들을 만나 마음을 얻기 위해 노력한다. 그 노력이 참으로 귀하다. 의미 없는 일이 결코 아니다. 베드로처럼 밤새 그물을 던지고 말씀 따라 또 던지는 열정이 있다면 우리도 뭔가 기대할 수 있다.

베드로는 밤새 한 마리 고기도 잡지 못했지만 예수님 말씀대로 깊은 데로 가서 그물을 던졌다. 그랬더니 놀라운 일이 벌어졌다. 잡힌 고기가 너무 많아 그물이 찢어질 정도였다. 한 마리도 못 잡다가 수많은 고기를 잡았다. 그런데 이때 베드로는 욕심을 부리지 않았다. 한 마리의 고기도 잡지 못한 어젯밤의 수모와 좌절이 아직 씻기지 않았는데 베드로는 지체 없이 다른 배를 불렀다. 동료인 야고보와 요한의 배를 불러서 그들의 배도 가득 채워주었다. 그래서 두 배가 만선이었다. 배가 가라앉을 지경이었다고 한다.

나누었기에 이런 복을 받았다. 사람을 사로잡는 진정한 비즈니스를 하는 사람은 이렇게 자신이 얻은 것을 나눌 줄 아는 아량을 가진 사람이다. 어려울 때 빈손의 경험을 제대로 한 사람은 이렇게 다른 사람의 빈 배를 그냥 지나치지 못한다. 뭔가 채워주려 하고 나누어준다. 우리는 일터 현장에서 실적을 얻기 위해 노력한다. 그래서 성공하려고 한다. 그러나 실적 자체가 목적이 아니다. 함께 성공하는 방법을 안다면 오래 누릴 수 있다.

쫄딱 망한 빈곤에서 주체할 수 없는 풍요를 경험한 베드로는 자신의 인생을 돌아보는 눈이 열렸다. 결국 인생은 내 마음대로 되는 것이 아님을 깨달았다. 바로 예수 그리스도, 그분이 인생의 주인인 것을 알았다. 그래서 베드로는 예수님 앞에 엎드려서 말한다. "주여, 나를 떠나소서. 나는 죄인이로소이다." 베드로는 치열한 일터 현장의 주인이 바로 예수님이심을 깨달았다. 밤새 고기를 못 잡은 어부의 배를 만선이 되게 하신 목수 출신의 예수님이 누구신지 깨달았다. 하나님이신 예수님 앞에 선 자신은 너무나 연약한 죄인이었다. 그분 앞에서 떠나 달라는 베드로의 자세는 겸손이었다. 자신의 죄 문제를 해결해주실 메시아를 만난 사람의 당연한 반응이다. 예수님께 모든 것을 맡기고 자신의 죄를 고백하면서 그분을 따르기로 결심하는 겸손과 헌신의 미덕을 베드로가 보여준다.

열정과 아량과 겸손, 세 가지 미덕을 배워 우리도 크리스천답게 일할 수 있다. 밤새 그물을 내리며 최선을 다하는 열정을 배우자. 또 자신에게 돌아온 과분한 실적을 동료와 나누는 아량과 우정의 미덕을 배우자. 궁극적으로 일터의 주관자이신 예수님께 죄를 고백하면서 따르기로 하는 겸손과 헌신의 미덕을 우리도 배울 수 있다.

오늘도 일하는 현장에서 일하는 우리를 지켜보시는 하나님께 기도한다.

"베드로를 부르신 하나님, 베드로처럼 열정과 아량과 겸손이라는 미덕을 가질 수 있도록 인도해주소서. 그래서 베드로처럼 저도 일터에서 사람을 취하고 사람의 마음을 사로잡는 제자의 삶을 살아가게 도와주소서. 자신뿐만 아니라 함께 일하던 동료들도 주님을 따르며 헌신했던 것처럼 주님이 주신 소명을 확산할 수 있게 인도해주소서."

03
일터 소명

소금과 빛,
착한 행실로 보이라

어느 중국 선교사가 한 중국인에게 복음을 들어본 적이 있는지 물어보자 그는 말했다. "복음을 들어본 적은 없지만 본 적은 있습니다." 무슨 말인가 들어보니 그가 아는 한 사람에 대한 이야기였다. 그가 알던 사람은 테러범으로 매우 사납고 포악했으며 마약으로 인해 폐인에 가까웠다. 그런데 그가 예수를 믿은 뒤에 아예 딴사람으로 변했다. 그래서 그 중국인은 복음을 잘 알지는 못하지만 복음이 참 좋은 것이라는 사실을 보았다고 말했다. 복음으로 인한 삶의 변화는 사람들에게 감화를 줄 수 있다. 세상을 살아가는 우리의 소명이기도 하다.

예수님이 산상수훈에서 소금과 빛의 삶에 대해 말씀하신다. "너희는 세상의 소금이니 소금이 만일 그 맛을 잃으면 무엇으로 짜게 하리요 후에는 아무 쓸데없어 다만 밖에 버려져 사람에게 밟힐 뿐이니라. 너희는 세상의 빛이라. 산 위에 있는 동네가 숨겨지지 못할 것이요 사람이 등불을 켜서 말 아래에 두지 아니하고 등경 위에 두나니 이러므로 집 안 모든 사람에게 비치느니라. 이같이 너희 빛이 사람 앞에 비치게 하여 그들로 너희 착한 행실을 보고 하늘에 계신 너희 아버지께 영광을 돌리게 하라"(마 5:13-16).

산상수훈을 말씀하시던 예수님이 오늘 우리 모두 잘 아는 두 가지 비유로 크리스천의 정체와 사명에 대해 말씀해주셨다. 먼저 "너희는 세상의 소금이라"고 말씀하신다. 일하는 우리는 이 말씀을 이렇게 해석하여 읽는다. "너희는 일터의 소금이라." 예수님이 세상과 일터에서 크리스천다움을 드러내는 삶을 말씀하시기 위해 '소금'을 소재로 택하셨던 이유는 무엇일까? 바로 소금의 '짠맛' 때문이다. 소금이 만일 그 맛을 잃으면 아무 쓸데없어 밖에 버려져 사람에게 밟힐 뿐이라고 하신다.

그런데 소금이 맛을 잃을 수 있나? 물에 다 녹아도 짠맛을 내는 게 소금인데 말이다. 당시에 화로 밑바닥에 보온재로 소금을 깔았는데 오래되고 딱딱해져 소금이 제 기능을 못하면 겨울철 우기에 비가 자주 와서 질척해진 길바닥에 깔았다. 그것을 사람들이 지나며 밟는다는 말씀이다. 그렇다면 우리는 일터에서 어떻게 소금의 맛을 내야 하는가? 소금이 기능을 잃으면 음식의 맛도 낼 수 없고 부패를 막지도 못한다. 일터에서 맛을 내는 삶, 부패를 막는 삶을 실천할 수 있어야 한다.

다음으로, 예수님이 세상의 빛이라고 하신 말씀을 우리 일하는 제자들은 일터에서 빛을 비추는 삶을 살아야 한다고 읽는다. 그런데 예수님이 "빛이 되라"고 말씀하지 않으셨다. 물론 소금이 되라고도 말씀하지 않으셨다. 소금이나 빛은 우리 그리스도인의 존재를 설명하고 정체성을 보여준다. 우리는 이미 세상의 소금이다. 예수님을 믿는 우리는 이미 세상의 빛이다. 예수 그리스도께서는 우리 존재가 바로 빛이기에 우리가 일터에서 일한다면 당연히 빛을 드러내야 한다고 말씀하신다.

빛은 어둠을 몰아낸다. 등불을 켜서 숨겨두지 않고 높이 매달아 사람들이 보고 길을 밝히 갈 수 있게 해야 한다. 일터의 빛인 우리가 이렇게 사람들을 유익하게 해야 한다. 일터의 부조리와 잘못된 관행이라는 어둠을 몰아내는 일을 어떻게 실천할 수 있을까? 하루아침에 해낼 수는 없어도 우리가 일하는 곳은 적어도 점점 '밝아지는' 일터가 되어야 한다. 비록 더디더라도 세상과 일터의 빛인 우리 존재로 인해 뭔가 달라져야 한다. 이런 변화를 위해 우리가 노력해야 한다.

그러면 소금과 빛으로 사는 것은 구체적으로 무엇을 말할까? 우리는 일터에서 소금과 빛으로 살아가는 삶이 구체적으로 어떤 것인지 잘 모를 수 있다. 그런데 예수님은 설교하시며 적용과 실천사항을 확실하게 제시하셨다. "이같이 너희 빛이 사람 앞에 비치게 하여 그들로 너희 착한 행실을 보고 하늘에 계신 너희 아버지께 영광을 돌리게 하라." 우리가 추구해야 할 삶, 빛을 비추는 삶이 구체적으로 '착한 행실'을 사람들에게 보이는 것이라고 밝혀주신다. 복잡하게 생각할 것 없이 사람들이 고마워하는 일, 그들에게 실제적 유익을 주는 행동을 구체적으로 하면 된다. 우리의 착한 행실을 경험한 사람들이 하나님께 영광을 돌린다. 그렇다면 오늘 세상 사람들이 하나님께 영광을 돌리지 않는 이유는 우리의 착한 행실이 부족하거나 없기 때문은 아닐까?

일터에서 우리가 함께 일하는 사람들, 고객들은 웬만한 일로는 감동하지 않는다. 자기에게 유익이 되어야만 조금 반응한다. 자신이 잘하는 것도 아니면서 우리에게 요구하는 기준은 높아서 야속할 때도 있다. 그러나 이것이 바로 우리가 세상의 빛과 소금으로 살기 바라시는 하나님의 의도임을 기억해야 한다. 벤저민 프랭클린이 시간 계획 점검표 밑에 "나는 오늘 어떤 선행을 했는가?"라고 기록하고 실천했듯이 우리도 적어도 하루 한 가지씩이라도 '착한 행실'을 시도하고 기록하며 점검하고 훈련하면 좋겠다.

세상과 일터에서 일터 소명을 실천하기 원하시는 하나님께 기도한다.

"우리의 착한 행실을 통해 사람들에게 영광 받으시는 하나님, 저는 이미 세상의 소금이고 일터의 빛입니다. 소금처럼 살며 빛처럼 행동하고 살아가게 인도해주소서. 하나님을 믿지 않는 일터의 동료들과 고객들에게도 착한 행실을 보이는 것이 저의 사명임을 분명하게 기억하겠습니다. 착한 행실을 실천할 수 있는 믿음과 용기를 허락해주소서."

04
일터 소명

두려워하지 말고
세상에서 하나님을 시인하라

지난 2008년 세계 금융위기 때 SK 브랜드관리실에서 설문조사를 했다. 사람들이 웃는 시간은 하루 평균 열 번 웃고 한 번에 평균 8.6초를 웃는다. 하루에 웃는 시간이 1분 30초도 안 되는 것이다. 반면 걱정하는 시간은 3시간 6분으로 80평생에서 10년을 걱정하는 데 보내는 셈이다. 여성이 3시간 30분, 남성이 2시간 30분쯤 걱정하여 여성들이 더 많은 걱정을 한다. 연령별로 보면 20대가 3시간 15분, 30대가 3시간 7분, 40대가 2시간 50분 등으로 젊은 사람들이 걱정을 더 많이 한다는 통계는 좀 의외였다. 이렇게 걱정이 많은 것은 현실에 대해 두려움을 느끼기 때문일 테다. 험한 세상을 살아가면서 두려운 것이 참 많다. 우리 크리스천도 두려움에 사로잡히기도 한다. 바이러스의 위협, 해고의 위협, 질병의 두려움, 관계의 단절, 파산의 위험 등 여러 가지 두려움이 있다.

예수님이 두려워하지 말라고 말씀하신다. "몸은 죽여도 영혼은 능히 죽이지 못하는 자들을 두려워하지 말고 오직 몸과 영혼을 능히 지옥에 멸하실 수 있는 이를 두려워하라. 참새 두 마리가 한 앗사리온에 팔리지 않느냐. 그러나 너희 아버지께서 허락하지 아니하시면 그 하나도 땅에 떨어지지 아니하리라. 너희에게는 머리털까지 다 세신 바 되었나니 두려워하지 말라. 너희는 많은 참새보다 귀하니라. 누구든지 사람 앞에서 나를 시인하면 나도 하늘에 계신 내 아버지 앞에서 그를 시인할 것이요 누구든지 사람 앞에서 나를 부인하면 나도 하늘에 계신 내 아버지 앞에서 그를 부인하리라"(마 10:28-33).

사람들이 세상을 두려워하지만 예수님은 정말 두려워해야 할 분을 두려워하라고 강조하셨다. 그리고 한 가지 질문을 던지셨다. "참새 두 마리가 한 앗사리온에 팔리지 않느냐?" 예수님 당시의 물가 정보에 대해서 우리가 별로 아는 것이 없지만 한 앗사리온은 노동자의 하루 품삯인 한 데나리온의 16분의 1이다. 식용으로 쓰이던 참새 두 마리가 한 앗사리온이니 참새 한 마리의 가격은 하루 품삯의 32분의 1이었다. 예수님은 하찮은 가격에 팔리는 참새도 하나님이 허락하지 않으시면 땅에 떨어지지 않는다는 점을 강조하셨다. 하나님이 보호하시고 또한 보호를 거두신다.

그런데 우리 인간의 머리카락 수까지도 다 세시는 하나님이 참새보다 훨씬 귀한 사람을 아끼지 않으실 리가 없다고 예수님이 강조하신다. 따라서 쓸데없는 두려움에 사로잡히지 말라는 뜻이다. 우리는 진정으로 두려워해야 할 분만을 향해 두려움을 가져야 한다. 기껏해야 우리 육신에 위협을 가하고 물리적인 어려움을 주는 사람들은

"몸은 죽여도 영혼은 능히 죽이지 못하는 자들"이다. 그들을 두려워할 게 아니라 "오직 몸과 영혼을 능히 지옥에 멸하실 수 있는"(28절)분, 즉 하나님만을 두려워해야 한다.

우리가 걱정하고 두려워하는 일을 가만히 생각해보라. 의식주에 관한 일, 혹은 나의 지위와 체면, 인간관계, 능력, 승진, 성공 등과 연관된, 우리 일에 관한 걱정이 많다. 우리는 우리 인생에서 무엇이 중요한지 깨달아야 한다. "너희는 먼저 그의 나라와 그의 의를 구하라"(마 6:33)는 예수님의 말씀을 다시 한번 기억해야 한다. 진정 두려워할 대상이 누구인지 지적하는 마태는 우리에게 구체적인 실천 사항도 알려준다. 우리는 세상 사람 앞에서 하나님을 시인하고 증거하는 사람이 되어야 한다. 뭔가 손해 보고 불이익이 주어지며 어려움을 겪는 것이 두려워 사람 앞에서 하나님을 부인하면 예수님도 하나님 앞에서 그를 부인하신다.

우리가 두려워하지만 사람이 아무리 강해도 결국 우리 몸을 죽일 수 있을 뿐이다. 몸과 영혼을 능히 멸하실 수 있는 하나님을 두려워하라는 말씀을 명심해야 한다. 하나님의 존재를 부인하는 사람이 주도하는 일터에서 하나님을 시인하는 일이 쉽지 않지만 우리가 꼭 해야 할 일이다. 하나님을 시인하고 하나님이 하신 일을 널리 알릴 수 있는 용기가 필요하다.

과연 우리의 걱정거리가 무엇인지 적어보면 좋다. 바이러스가 창궐하는 시대에 건강에 대한 걱정도 빠질 수 없고 일과 가족들에 대한 염려도 끊이지 않는다. 그 모든 걱정거리가 하나님 나라를 추구하는 우리 인생에서 얼마나 필수적이고 중요한지 잘 판단해봐야 한다. 적어 넣고 생각하다 보면 판단이 가능하다. 일터에서 하나님을 믿는 사람이라는 우리 정체를 분명하게 드러내고 경외해야 할 하나님을 의지하는 믿음으로 세상에 대해 담대할 수 있어야 한다.

두려움 많은 세상에서 하나님만 의지하기 원하시는 하나님께 기도한다.

"우리의 머리털 수까지 다 알고 계신 하나님, 일터에서 하나님의 하나님 되심을 증거하겠습니다. 세상의 힘을 두려워하지 않는 용기를 주시기 원합니다. 정말 두려워해야 할 분이 하나님이심을 분명히 깨닫게 해주소서. 세상에서 담대하게 하나님을 시인하고 하나님의 이름 드러내기를 주저하지 않는 믿음과 용기를 허락해주소서."

>>> 마태복음 25:22-26

05
비교하지 않고도
행복할 수 있다
일터 소명

서울대학교 최인철 교수의 「프레임: 나를 바꾸는 심리학의 지혜」 (21세기북스, 2007)라는 책에 보면 미국 코넬대학교 심리학과 연구팀의 연구 결과가 나온다. 올림픽 메달리스트들이 게임 종료 순간에 갖는 감정을 분석한 자료이다. 동메달리스트의 행복 점수는 10점 만점에 7.1이었다. 은메달리스트의 행복 점수는 오히려 4.8이었다. 왜 이런 현상이 생겼는지 우리는 짐작할 수 있다. 선수들은 자신이 거둔 객관적인 성취를 가상의 성취와 비교해서 주관적으로 재해석했기 때문이다. 은메달리스트가 바라는 성취는 금메달이었다. 아쉽게 금메달을 놓쳤다고 생각하니 실망스럽다. 동메달리스트는 만약 4등을 했으면 메달을 못 땄을 텐데 입상했으니 얼마나 좋은가? 은메달보다 동메달을 더 행복하게 느낀 이유가 설명된다.

비교의식을 생각해볼 수 있는 비유를 예수님이 말씀하셨다. "두 달란트 받았던 자도 와서 이르되 주인이여 내게 두 달란트를 주셨는

데 보소서. 내가 또 두 달란트를 남겼나이다: 그 주인이 이르되 잘하,
였도다. 착하고 충성된 종아 네가 적은 일에 충성하였으매 내가 많은
것을 네게 맡기리니 네 주인의 즐거움에 참여할지어다 하고 한 달란
트 받았던 자는 와서 이르되 주인이여 당신은 굳은 사람이라 심지 않
은 데서 거두고 헤치지 않은 데서 모으는 줄을 내가 알았으므로 두려
워하여 나가서 당신의 달란트를 땅에 감추어 두었나이다. 보소서.
당신의 것을 가지셨나이다. 그 주인이 대답하여 이르되 악하고 게으
른 종아 나는 심지 않은 데서 거두고 헤치지 않은 데서 모으는 줄로
네가 알았느냐"(마 25:22-26).

올림픽에서 동메달을 딴 사람처럼 즐겁게 비교하면 좋을 수도 있
지만 진정한 마음의 자유를 얻으려면 아예 비교하지 말아야 한다. 가
족과 보내는 휴가, 친구와 만나 유쾌하게 식사하고 이야기 나누는
것, 이런 것은 그 자체만으로도 만족감을 준다. 그러나 여기에 비교
의 프레임(frame)이 침투하면 만족의 상태가 사라진다. "남들은 외
식도 매주 하는데….""저 집은 가족 여행도 자주 가는데…." 이런 비
교 프레임에서는 많고 큰 것이 좋은 것이 된다. 이런 비교는 자신을
무척이나 고단한 인생으로 바꾸어버린다. 우리는 다른 사람과 비교
해서 우월한 것, 더 부유하게 사는 것에 만족하면 안 된다. 우리가 그
리스도인이기 때문이다. 그런 일시적인 만족보다는 하나님이 내게
주신 나 자신의 모습, 하나님이 창조하신 나의 존재를 바라보면서 최
선의 나를 추구하는 것이 진정한 행복의 지름길이다.

예수님의 달란트 비유를 특히 두 달란트 받은 종을 중심으로 생

각해볼 수 있다. 이 종은 자신의 절반밖에 못 받은 동료를 보고 우월 감에 빠지지 않았다. 또한 자신보다 두 배 반이나 더 많은 다섯 달란 트를 받은 동료를 보고도 좌절하지 않았다. 비교하지 않았다. 주인이 재능대로 나누어준 두 달란트, 자신에게 주신 바로 그 달란트에 수긍 하면서 곧바로 가서 장사해 이익을 남겼다. 하나님이 주신 두 달란트 로 두 달란트를 남겼다. 이 종은 다섯 달란트 받았던 종과 똑같이 '착 하고 충성된 종'이라는 칭찬을 받았다.

반면, 한 달란트 받은 종이 실패한 이유는 바로 비교의식 때문 아 니었을까? 이 종은 주인이 굳은 사람이어서 자신을 힘들게 한다고 불평했다. 어떻게 다른 종들에게는 자기보다 두 배, 심지어 다섯 배 나 더 많은 달란트를 줄 수 있는가 말이다. 주인이 공정하지 않다고 불만을 터뜨렸다. 그런데 이런 비교의식만 포기해도 우리 인생이 달 라진다. 하나님은 각각 '재능대로' 사람들에게 달란트를 주셨다. 모 든 사람에게 주신 재능이다. '한 달란트'라는 돈은 6천 데나리온 혹 은 1만 데나리온에 해당하는데 이것을 노동자가 20년 혹은 30년 이 상 일한 수입 전액이다. 모든 사람에게 획일적이지는 않지만 한 사람 의 생애에 충분하게 하나님이 주신 재능을 의미한다. 한 달란트 받았 던 종은 함께 일하는 동료와 비교하기보다 먼저 하나님과 자신의 관 계를 생각하여 자신의 정체를 파악하는 데 서툴렀다.

사람들은 자신에게 주어진 조건에 집착하는 경우가 많다. 그런데 하나님께서 우리 각자에게 주신 은사와 강점을 아직 발견하지 못한 경우도 꽤 많다. 하나님이 나에게 주신 달란트가 한 달란트라고 해도

주신 은사를 잘 활용하겠다는 결심이 중요하다. 두 달란트와 다섯 달
란트 받은 사람들이 곧 가서 장사한 성실함과 탁월함을 배워야 한다.
비교하고 부러워하며 낙심하는 경쟁의식과 비교의식에서는 벗어나
야 한다.

다른 사람과 비교하지 않고 자신을 바로 보기 원하시는 하나
님께 기도한다.

"각 사람에게 재능대로 인생의 달란트를 주신 하나님, 하나님의 뜻에 수긍
하며 하나님의 관점으로 저 자신을 바라볼 수 있게 도와주소서. 저를 바로
파악한 후에 세상을 제대로 보고 평가하는 안목도 허락해주소서. 다른 사
람과는 비교하지 않고 착하고 충성된 자세로 제 일에 최선을 다하게 인도
해주소서."

06
일터 소명

사람을 생각해야
보이는 내일

최근 재난이라고 할 만큼 심한 기후 변화로 지구가 몸살을 앓으면서 영화 〈투모로우〉(The Day After Tomorrow, 2004, 롤랜드 에머리히 감독)가 재조명받는다. 영화는 지구온난화라는 엄청난 환경 재난의 원인 제공자인 정치인들의 과오를 묘사한다. 반면 '선지자'의 이미지를 가진 기상학자 잭이 등장한다. 잭은 자신이 예측한 대로 엄청난 한파가 몰아쳤다고 만족하고 있을 수 없었다. 아들 샘을 구하러 혹한을 뚫고 뉴욕으로 떠났다. 아들과 약속했고 사랑했기 때문이다. 잭의 아내인 의사 루시도 불치병에 걸린 어린 피터를 살리기 위해 혹한이 몰아친 병원에 홀로 남았다. 엄마도 없는 아이를 사랑하기 때문이고 그 아이의 미래 때문이었다. 환경에 관한 메시지를 주고 휴머니즘으로 포장한 영화이지만 하나님의 음성처럼 들리는 말로 영화가 끝나는 것이 흥미로웠다. 한파가 걷힌 지구를 우주 정거장 미르에서 바라보는 한 우주인이 말한다. "저렇게 깨끗한 지구를 본 적 있나?" 착각과 오만을 회개한 사람이 사는 지구는 당연히 아름답다.

예수님이 인생에서 과연 무엇이 중요한지 비유를 통해 말씀하셨다. "모든 세리와 죄인들이 말씀을 들으러 가까이 나아오니 바리새인과 서기관들이 수군거려 이르되 이 사람이 죄인을 영접하고 음식을 같이 먹는다 하더라. 예수께서 그들에게 이 비유로 이르시되 너희 중에 어떤 사람이 양 백 마리가 있는데 그중의 하나를 잃으면 아흔아홉 마리를 들에 두고 그 잃은 것을 찾아내기까지 찾아다니지 아니하겠느냐. 또 찾아낸즉 즐거워 어깨에 메고 집에 와서 그 벗과 이웃을 불러 모으고 말하되 나와 함께 즐기자. 나의 잃은 양을 찾아내었노라 하리라. 내가 너희에게 이르노니 이와 같이 죄인 한 사람이 회개하면 하늘에서는 회개할 것 없는 의인 아흔아홉으로 말미암아 기뻐하는 것보다 더하리라"(눅 15:1-7).

자본주의의 이론적 기초를 제공하고 경제학 분야를 개척한 철학자로 평가받는 애덤 스미스가 이렇게 말했다. "우리가 저녁 식탁에 음식을 올릴 수 있는 것은 빵집이나 양조장이나 고깃간 주인의 자비심 때문이 아니라 그들의 이익 추구에 의한 것이다. 그들의 인간애가 아닌 이기심에 의한 것이며 우리가 필요한 것이 아니라 그들의 이익과 관련된 것이다." 참 냉정하고 예리하다. 사람들은 다른 어떤 선한 마음 때문이 아니라 돈 때문에 물건을 생산하고 판매하는 일을 한다는 뜻이다. "돈을 벌지 못한다면 그 사람이 그런 일을 하겠는가?" 거꾸로 질문하면 이 말은 사실인 것 같아 보인다.

하지만 사람이 돈 때문에만 일하지는 않는다. 돈과 관계없어도 가슴이 뜨거워지고 눈물 나는 일이 꽤 있지 않은가? 우리가 정신없이 비즈니스의 성공을 추구하면 자칫 잊기 쉬운 일이 사람을 우선해야 하는 원칙이다. 사람보다 일이나 이익을 우선시하면 틀림없이 문제가 된다. 예수님의 비유 말씀 속에서도 백 마리의 양을 돌보는 목자에게 한 마리의 잃어버린 양이 소중하다. 그래서 양 아흔아홉 마리를 들에 둔 채 그 한 마리 잃어버린 양을 찾아다닌다. 해는 저물고 남아있는 양들을 잃을 위험이 있는데도 목자는 한 마리 잃어버린 양을 찾아 나서고 결국 찾아서 돌아온다.

우리도 한 사람 한 사람을 소중하게 여길 수 있어야 한다. 일하면서도 일보다, 돈보다 먼저 사람을 생각해야 한다. 물론 우선순위의 문제이다. 상황과 편의에 따라 돈과 사람을 양자택일하는 단순한 문제가 아니라 무엇이 더 중요한지 원칙을 미리 결정하고 있어야 한다. 우리는 일하면서 돈보다 사람을 섬기고 사람을 세우는 일과 더불어 사람의 영혼에 대해 관심을 기울여야 한다. 한 사람의 영혼을 주님이 귀하게 여기심을 본받아야 한다. 예수님의 잃은 양과 잃은 드라크마, 잃은 아들의 비유는 세리와 죄인을 영접하는 예수님을 보고 바리새인과 서기관들이 수군거릴 때 하신 말씀이다. 일터 동료들과 일하며 만나는 사람들의 구원을 위해 우리도 노력해야 한다. 우리 삶으로, 또한 입을 열어 복음을 전해야 한다. 그래야 우리의 내일이 보인다.

우리 일하는 크리스천이 인생에서 중요하게 여기는 가치가 과연 무엇인가 분명한 생각을 가져야 한다. 하나님이 우리 삶을 결산하실 때 우리에게 찾으실 것이 무엇일까? 일하는 사람으로 성실하게 노력했는데 남은 것이 무엇인가 질문하시면 무엇을 주님께 보여드리겠는가? 우리가 이룬 일의 성과도 물론 중요하다. 여러 견해가 있지만 오늘 일하고 살아가며 우리가 남기는 문화적 유산이 장차 임할 새 하늘과 새 땅에서도 일정 부분 적용되리라고 생각한다. 우리는 일터에서 사람들을 세워주어야 한다. "이러 이러한 사람들에게 제가 추구하던 인생의 소명을 물려주고 계승했습니다"라고 우리의 유산을 보고해야 하지 않겠는가?

'등대지기'라는 노래를 생각해본다. "생각하라. 저 등대를 지키는 사람의 거룩하고 아름다운 사랑의 마음을." 돈 때문에만 일하는 것이 아니라 사랑하고 희생하는 마음으로 일할 수 있다. 그래서 보람을 느끼고 사명감으로 일할 수 있다. 크리스천 직업인으로서 하나님의 창조명령을 수행하고 일터 소명을 실천하는 우리는 사람을 사랑하고 세워주는 일을 꼭 실천해야 한다.

일보다 더 중요한 사람을 생각하며 내일을 설계하기 원하시는 하나님께 기도한다.

"사람을 사랑하시는 하나님, 사람보다 일과 이익을 더 우선시하는 비즈니스 현장에서 사람이 더 중요하다는 예수님의 가르침을 실현하기 원합니다. 사람을 사랑하는 마음을 저에게 허락해주소서. 주님께 받은 사랑을 사람들에게 전하기 원합니다. 사람들을 세워주고 사람들을 주님께로 인도할 수 있게 도와주소서."

>>> 누가복음 10:38-42

지금 하고 있는 일에 집중하라

일터에서 일하며 몰입해야 일의 성과가 나는데 그렇게 하기 힘든 이유가 있다. 명확한 목표가 있는 업무가 그리 많지 않은 경우도 있다. 사소한 지시까지 받아야 하거나 일하면서 수시로 전화가 걸려오는 등 급한 일을 하게 되어 허둥대느라 집중하기 힘들기도 한다. 또한 집중과 몰입이 힘든 개인의 기본적 성향도 있다. 사람들이 일하면서 집중하고 있는 것 같지만 그렇지 못한 경우가 많다. 많은 사람이 지금 몰입하고 있는 것 같지만 다음에 할 일, 이 일을 마친 후에 해야 할 일을 걱정한다. 가만히 자신을 생각해보라.

어떻게 집중하고 효과적으로 시간을 활용하여 일의 성과를 낼지 예수님이 심방가셨던 마르다와 마리아 자매의 집에 가서 확인해보자. "그들이 길 갈 때에 예수께서 한 마을에 들어가시매 마르다라 이름하는 한 여자가 자기 집으로 영접하더라. 그에게 마리아라 하는 동생이 있어 주의 발치에 앉아 그의 말씀을 듣더니 마르다는 준비하는 일이 많아 마음이 분주한지라. 예수께 나아가 이르되 주여 내 동생이 나 혼자 일하게 두는 것을 생각하지 아니하시나이까. 그를 명하사 나를 도와주라 하소서. 주께서 대답하여 이르시되 마르다야 마르다야 네가 많은 일로 염려하고 근심하나 몇 가지만 하든지 혹은 한 가지만이라도 족하니라. 마리아는 이 좋은 편을 택하였으니 빼앗기지 아니하리라 하시니라"(눅 10:38-42).

예수님은 여러 지역을 순회하면서 일종의 '출장사역'을 많이 하셨다. 예수님 일행을 영접한 마르다와 마리아 자매에게는 긴급하면서도 중요한 일이 생겼다. 예수님과 그분 일행에게 식사를 대접하고 또 아마도 당연히 그랬을 것으로 보이는데, 하룻밤 묵어가시게 하는 일이었다. 열두 제자만 계산하더라도 손님 십여 명에 아마도 따라다니던 사람을 합하면 이십 명 이상은 족히 되었을 듯하다. 더구나 예수님이 심방오셨다고 찾아온 이웃도 꽤 있었으니 그들을 대접하는 일이 안주인 역할을 하던 마르다에게는 중요하고도 긴급한 일이었다.

그런데 동생 마리아는 예수님 말씀을 듣는 사람들 곁에 앉아 있었다. 언니 마르다의 심기가 불편했다. 함께 부엌일을 가장 잘할 수 있는 사람이 동생이었다. 마리아의 행동에 대해 한마디로 평가하긴 힘들지만 마르다의 마음으로는 아마 '얌체' 아니면 '푼수'라고 생각했을 듯하다. 그래서 마르다는 말씀을 전하고 계신 예수님께 가서 마리아를 부엌으로 보내달라고 요청했다. 더구나 당시 마리아가 예수님의 발치에 앉아 있었는데, 그 자리는 예수님의 수제자인 베드로의 자리다. 그것은 심각한 결례이기도 했다. 마르다는 그런 마리아가 꼭 정되었다. 그런데 예수님이 마르다의 수고를 모르시지 않았겠지만 이렇게 말씀하셨다. "네가 많은 일로 염려하고 근심하나 몇 가지만 하든지 혹은 한 가지만이라도 족하니라." 즉 이런 말씀일 것이다. "이곳저곳으로 가지를 친 너의 일을 좀 정리해보지 않겠니? 복잡하지? 그것을 다 하려니 힘들지? 그것 한번 정리해봐라."

말씀 듣는 일을 선택한 마리아의 '영적인 일'과 식사 준비에 치중한 마르다의 '세속적인 일'로 나누어 이 문제를 푸는 방법이 중세시대에도 이미 많은 지지를 얻었다. 그러나 예수님의 말씀을 보면 그런 해석보다 '몰입'과 '집중'의 지혜에 치중하여 교훈하신다. 마르다의 부엌일이 잘못된 것이 아니고 마리아의 말씀 듣는 일만 잘한 일도 아니다. 두 가지 일이 함께 진행되어야 한다면 선택할 수 있고 각자 선택한 그 일에 집중하라는 교훈을 주셨다.

우리도 복잡한 일을 정리해봐야 한다. 궁극적으로는 한 가지다. 어떤 선택을 하든지 지금 집중해야 할 일은 한 가지뿐이다. 그것을 찾아서 우선 몰입해야 한다. 물론 지금 하는 일만 해야 하는 것이 아니지만 지금 이 순간 하기로 결정한 일은 그 일 한 가지임을 기억해야 한다. 물론 우리가 하는 일이 그리 단순하지는 않다. 중요한 일을 먼저 해야 하는 것을 모르지 않지만 거의 언제나 급한 일을 먼저 하곤 한다. 그런 상황에서도 일을 정리하고 선택하는 지혜가 필요하다. 마리아가 언니와 사전에 의논했는지 모르겠으나 말씀을 듣는 일을 꼭 하기로 결심했다. 마르다가 사람을 섬기는 일을 하기로 결심했다면 그 일에 집중하면 되었다. 마음을 딴 곳에 쓰지 말고 하기로 한 그 일에 집중하면 된다. 지금 말씀을 묵상하는 이 시간도 이 일에 집중하는 것이 예수님이 알려주시는 지혜이다.

예수님이 말씀하셨다. "마리아는 이 좋은 편을 택하였으니 빼앗기지 아니하리라." 마음이 나뉘는 이유 중 한 가지는 비교의식 때문이다. 예수님이 말씀하신 '좋은 편'이란 말씀 듣는 일이 아니라 마리아가 결정한 일이라는 뜻으로 읽어야 한다. 두 일을 예수님이 비교하지 않으셨다. 많은 일을 염려하는 대신 지금 하기로 한 일에 최선을 다하며 집중하는 자세를 주님이 원하신다.

질서와 순리를 강조하시는 하나님께 기도한다.

"무질서가 아닌 화평의 하나님(고전 14:33), 어떤 일이 중요한 일인지 우선순위를 잘 파악해서 집중하겠습니다. 지금 하는 일, 그 일에 몰입할 수 있도록 도와주소서. 선택을 잘하는 지혜가 필요합니다. 상황을 잘 판단하고 이기적이거나 편파적이어서 문제가 되지 않도록 결정하는 지혜를 주소서. 결정했다면 지금 하는 일을 주님께 하듯이 할 수 있도록 인도해주소서."

08
일터 소명

당신은 어떤 방향으로
가고 있는가

1860년 9월, 미국의 미시간 호수에서 '레이디 엘진'이라는 이름의 유람선 한 척이 암초에 부딪혀 침몰했다. 구조대로 선발된 사람 중에는 노스웨스턴대학교의 신학생인 에드워드 스펜서가 있었다. 당시 대학의 수영 선수였던 스펜서는 온 힘을 다해 열일곱 명을 구출하는 기적 같은 일을 해냈다. 연일 언론에서 스펜서의 영웅적 행동을 대서특필했다. 하지만 스펜서는 몸을 너무 무리하게 움직인 후유증으로 거의 전신마비 상태가 되었다. 휠체어에 의지하며 살아야 했고 목회자가 되려던 꿈도 포기했다. 세월이 흘러 노인이 된 스펜서를 한 기자가 만나 물었다. "그 당시에 목숨을 구해준 열일곱 명 중에 몇 명이나 감사를 표했습니까?" 스펜서가 쓸쓸하게 웃으며 대답했다. "단 한 명뿐이었습니다. 나머지 사람의 소식이 저도 궁금하긴 합니다."

예수님이 고쳐주신 한센병 환자들 중 돌아와 감사한 사람도 한 명이었다. "예수께서 예루살렘으로 가실 때에 사마리아와 갈릴리 사이로 지나가시다가 한 마을에 들어가시니 나병환자 열 명이 예수를 만나 멀리 서서 소리를 높여 이르되 예수 선생님이여 우리를 불쌍히 여기소서 하거늘 보시고 이르시되 가서 제사장들에게 너희 몸을 보이라 하셨더니 그들이 가다가 깨끗함을 받은지라. 그중의 한 사람이 자기가 나은 것을 보고 큰 소리로 하나님께 영광을 돌리며 돌아와 예수의 발아래에 엎드리어 감사하니 그는 사마리아 사람이라. 예수께서 대답하여 이르시되 열 사람이 다 깨끗함을 받지 아니하였느냐. 그 아홉은 어디 있느냐. 이 이방인 외에는 하나님께 영광을 돌리러 돌아온 자가 없느냐 하시고 그에게 이르시되 일어나 가라. 네 믿음이 너를 구원하였느니라 하시더라"(눅 17:11-19).

　　예수님이 남부지방에 있는 예루살렘으로 가시는 길에 북부지방인 갈릴리와 중부지방인 사마리아 지방의 경계선쯤을 지나실 때였다. 거기에 열 명의 한센병 환자가 있었고, 그들은 예수님께 찢어지는 듯한 절규로 외쳤다. "예수 선생님이여 우리를 불쌍히 여기소서!" 나병환자는 성대가 상하는 경우가 많으니 정말 간절한 외침이었을 듯하다. 예수님이 외면하지 않고 이렇게 말씀하셨다. "가서 제사장들에게 너희 몸을 보이라."

　　그래서 그들은 성전이 있는 남쪽으로 길을 잡았다. '몸이 나아야 제사장에게 보일 텐데!' 걱정도 하며 부지런히 걸었다. 그런데 나병환자들은 남쪽으로 가다가 자신들의 몸이 나은 것을 알았다. 팔을 걷어보니 피부색이 되돌아왔다. 동료를 보니 얼굴 모습이 살아났다. 그들의 소원대로 몸이 나아서 그들은 예수님 말씀대로 제사장을 만나기 위해 남쪽으로 내려가고 있었다.

그런데 남쪽으로 가는 동료들 사이에서 방향을 돌려 예수님이 계신 북쪽으로 간 한 사람이 있었다. 다른 아홉과 같은 방향으로 가서 제사장의 진단서를 받는 일보다 더 중요한 일이 있는 듯 그는 예수님을 찾아가 그 발 앞에 엎드려 감사를 드렸다. 이 사람은 사마리아인이었다. 그러자 예수님은 그 한 사람이 유대인이 아니라 유대인이 사람 취급도 하지 않는 사마리아인임을 강조하며 칭찬하셨다. "열 사람이 다 깨끗함을 받지 아니하였느냐. 그 아홉은 어디 있느냐. 이 이방인 외에는 하나님께 영광을 돌리러 돌아온 자가 없느냐." 그리고 예수님은 그에게 말씀하셨다. "일어나 가라. 네 믿음이 너를 구원하였느니라." 이 사람은 몸도 고침받고 예수님 말씀대로 구원도 받았다. 이 일을 가능하게 한 것은 바로 믿음인데, 그 믿음이란 어떤 것인가?

나병에서 고침받은 이 사마리아인의 믿음은 방향을 트는 것이었다. 우리 믿음에는 이렇게 방향이 있다. 아홉 사람이 다 몰려가는 방향이 있다. 그것은 어쩌면 인륜이다. 꿈에도 그리던 가족을 만나야 한다. 그들을 한번 부둥켜안고 싶었다. 아내의 손을 잡아보고 안아주고 그동안 고생했다고 말하고 싶었다. 눈에 밟히던 자식들, 훌쩍 자랐을 아이들을 한번 안아주고 싶었다. 어머니를 한번 불러보고 업어드리고 싶었다. 자식 노릇 못한 아들놈, 이제 한 줌 흙으로 돌아갔을 아버지의 묘소에라도 가서 이 불효자식이 돌아왔노라고 울고 싶었다.

이런 당연하고 안타까운 인지상정을 생각할 때 사마리아인이 방향을 돌려 예수님에게 향한 결심이 쉽지 않았음을 알 수 있다. 자신의 몸이 낫고 보니 사회생활을 해도 좋다는 허가증보다 그 병을 낫게 하신 예수 그리스도께 감사하고 그분께 영광 돌리는 일이 더 중요하다고 생각했다. 그래서 사마리아인은 다른 아홉 명의 동료가 외면하는 반대 방향으로 발걸음을 돌렸다. 바로 그것이 '믿음'이라고 예수님은 평가하신다. 감사하기 위해 방향을 돌이킨 믿음이었다. 우리 믿음은 과연 어떤 방향으로 향하고 있는가?

나병을 고침받은 사마리아인의 방향을 돌이킨 믿음, 그것이 감사의 표현이었던 점에 주목해야 한다. 다른 어떤 것보다 예수님께 감사하는 일이 중요하다고 생각한 그 믿음을 배울 수 있다. 먼저 자신을 생각하는 인지상정에 얽매이지 않고 하나님을 먼저 생각하는 믿음의 선택은 우리가 결심하고 훈련해야 한다. 수시로 질문해야 한다. "나는 어떤 방향으로 가고 있는가?"

우리가 감사하고 영광 돌리고 찬송하기를 원하시는 하나님께 기도한다.

"제 인생의 방향을 바꾸어주신 하나님, 하나님의 사랑과 은혜를 생각하면 감사하지 않을 수 없습니다. 먼저 무엇을 해야 할지 잘 판단할 수 있는 믿음을 허락해주소서. 내 것을 먼저 챙겨야 한다는 세상의 풍조에 휘둘리지 않고 우선순위와 방향성이 분명한 믿음을 가지고 살아갈 수 있도록 인도해주소서."

09

일터 소명

두려움을 이겨내는 믿음

감리교의 창시자 요한 웨슬리 목사가 1735년 10월, 당시 영국의 식민지였던 미국 선교를 하려고 배를 타고 떠났다. 8주간 항해하며 풍랑도 여러 차례 만났다. 그런데 모라비안 공동체 사람들은 두려워하지 않았다. 친첸도르프 백작을 중심으로 한 경건운동의 한 종파인 모라비안 공동체는, 특히 직업을 통해 세계 여러 곳에서 선교한 일로 유명했다.

모라비안 교도들이 항해하는 배 안에서 저녁 7시에 여는 집회에 웨슬리 목사가 참석했다. 예배를 시작하려 하는데 커다란 파도가 중앙의 가장 큰 돛을 때려서 산산조각이 났다. 배는 물바다가 되었다. 영국인들의 선실에서는 난리가 났다. 그런데 모라비안 교도들은 의연하게 예배를 드렸다. 웨슬리 목사는 그들에게 두렵지 않냐고 물어봤다. 그러자 무섭지 않다고 대답했다. 여인이나 아이들에게 무섭지 않느냐고 했더니 그들도 죽음을 두려워하지 않는다고 말했다. 웨슬리 목사가 항해하며 겪은 모라비안 교도들은 다른 영국인들과는 달리 선원이 해야 할 허드렛일을 도와주기도 하면서 겸손하게 행동했던 것이 기억났다.

예수님의 제자들도 풍랑을 겪으며 믿음의 시험대로 올랐다. "하루는 제자들과 함께 배에 오르사 그들에게 이르시되 호수 저편으로 건너가자 하시매 이에 떠나 행선할 때에 예수께서 잠이 드셨더니 마침 광풍이 호수로 내리치매 배에 물이 가득하게 되어 위태한지라. 제자들이 나아와 깨워 이르되 주여 주여 우리가 죽겠나이다 한대 예수께서 잠을 깨사 바람과 물결을 꾸짖으시니 이에 그쳐 잔잔하여지더라. 제자들에게 이르시되 너희 믿음이 어디 있느냐 하시니 그들이 두려워하고 놀랍게 여겨 서로 말하되 그가 누구이기에 바람과 물을 명하매 순종하는가 하더라"(눅 8:22-25).

바쁜 일정을 소화하며 제자들을 데리고 호수 건너편으로 가시던 예수님이 풍랑을 꾸짖어 잠잠하게 하신 후에 제자들을 꾸짖으셨다. "너희 믿음이 어디 있느냐?" 왜 제자들에게 믿음이 없었을까? 이 중요한 상황에서 제자들은 비장의 무기인 '믿음'을 왜 꺼내 들지 못했을까? 바로 두려움 때문이었다. 그들은 차갑고 깊은 바다에 빠져 죽을까 봐 두려웠다. 믿음이 제대로 역할하고 성장하지 못하게 하는 방해 요인은 두려움이다.

예수님의 비유 말씀에 나오는 대로 바위 위에 뿌려진 씨앗이나 가시떨기에 떨어진 씨앗과 같다. "바위 위에 있다는 것은 말씀을 들을 때에 기쁨으로 받으나 뿌리가 없어 잠깐 믿다가 시련을 당할 때에 배

반하는 자요 가시떨기에 떨어졌다는 것은 말씀을 들은 자이나 지내는 중 이생의 염려와 재물과 향락에 기운이 막혀 온전히 결실하지 못하는 자요"(눅 8:13-14). 이런 두려움은 왜 생기는가? 왜 두려움 때문에 믿음이 제대로 작동하지 못하는가? 비교해보니 내가 지겠다는 생각이 들어 두려움이 더욱 커진다. 이 두려움을 너무 쉽게 생각하면 안 된다. 우리도 제자들과 비슷한 상황에 처하면 무섭지 않았을까?

그런데 말씀 속에서 또 하나의 두려움에 주목해야 한다. 예수님이 바람과 바다를 꾸짖어 잔잔해졌을 때 예수님께 책망을 들은 제자들은 어떤 반응을 보였는가? 그들은 두려워하고 놀랍게 여겼다(25절). 풍랑을 잠재우시는 예수님을 보고 놀라움과 더불어 느낀 건 두려움이었다. 예수님은 그 존재 앞에서 한없이 사람들을 작아지게 하는 자연을 지배하고 계심을 제자들이 확인했다. 또한 예수님은 호수 건너편 거라사 땅에서 만난 귀신들린 사람에게서 귀신을 쫓아내셨다. 예수님은 그야말로 귀신의 세계도 지배하고 계셨다(눅 8:26-39). 이런 사실을 확인하고 제자들은 예수님에게 경외심을 느끼지 않을 수 없었다.

아울러 예수님은 혈루증에 걸려 12년 동안이나 고통당하는 여인의 질병을 고쳐주셨다. 예수님은 질병도 지배하고 계셨다. 그리고 회당장 야이로의 외동딸이 죽었는데 그 아이를 예수님이 살려주셨다(눅 8:40-56). 예수님은 인간의 질병뿐만 아니라 죽음도 지배하시는 분이다. 그래서 예수님은 경외의 대상이시다. 결국 우리 문제보다 크신 예수님을 깨달으면 된다. 우리 경험보다 예수님이 하나님이심을 꼭 기억해야 한다.

제자들이 풍랑을 만난 사건을 통해 두려움을 극복하는 믿음을 배울 수 있다. 제자들은 잘못했지만 예수님의 또 다른 제자 바울이 유라굴로 광풍을 만났을 때 제대로 대응한 모습을 배울 수 있다. 바울은 배 안의 사람들에게 두려워하지 말라며 안심시켰고, 결국 그들을 다 살려냈다. 예수님의 말씀으로 확신을 얻은 바울처럼 우리도 주님의 말씀으로 두려움을 이겨낼 수 있어야 한다.

세상의 주인이신 하나님께 기도한다.

"온 세상을 창조하신 하나님, 풍랑이 몰아치는 세상에서 두려워하지 않도록 믿음을 허락해주소서. 예수님이 우리가 고통받는 현장에도 함께 계심을 기억하겠습니다. 하나님 나라를 보여주시며 온 세상의 주인이심을 알려주신 예수님을 의지하며 두렵게 하는 세상의 풍파를 이겨낼 수 있도록 믿음을 더하여주소서."

>>> 마태복음 7:24-27

10
일터 소명

행함으로 소명의
열매를 맺으라

일본 도쿄의 임페리얼 호텔은 미국 건축가 프랭크 라이트가 지었다. 4년 동안 호텔을 짓기로 했는데 꼬박 2년간 기초공사만 했다. 그러자 일본의 건축계와 언론은 비싼 돈 들여 외국인을 불러와서 헛일만 한다고 난리였다. 기초공사를 그렇게 오래 끄는 것을 이해할 수 없었다. 그런데 그 임페리얼 호텔의 진가는 공사가 끝난 지 52년이 지났을 때 드러났다. 도쿄 대지진 때 도쿄 시내의 많은 건물이 무너지고 큰 피해를 보았지만 임페리얼 호텔은 유리창 대여섯 장만 깨졌을 뿐 튼튼하게 서 있었다.

기초가 튼튼한 건축에 대해서 건축가 출신인 예수님이 산상수훈의 결론으로 말씀하신다. "그러므로 누구든지 나의 이 말을 듣고 행하는 자는 그 집을 반석 위에 지은 지혜로운 사람 같으리니 비가 내리고 창수가 나고 바람이 불어 그 집에 부딪치되 무너지지 아니하나니 이는 주추를 반석 위에 놓은 까닭이요 나의 이 말을 듣고 행하지 아니하는 자는 그 집을 모래 위에 지은 어리석은 사람 같으리니 비가 내리고 창수가 나고 바람이 불어 그 집에 부딪치매 무너져 그 무너짐이 심하니라"(마 7:24-27).

성경에는 '행하라'는 말씀이 자주 나온다. 구약성경뿐만 아니라 신약성경에서도 자주 '행하라'고 강조하고 있다. "너희는 내 계명을 지키며 행하라. 나는 여호와이니라"(레 22:31). "예수께서 이르시되 네 대답이 옳도다. 이를 행하라. 그러면 살리라 하시니"(눅 10:28). 예수님이 주신 하나님 나라 백성의 실행지침인 산상수훈은 마태복음 5장에서 시작해 7장까지 이어진다. 이 산상수훈의 결론이 바로 행하라는 말씀이다. "이러므로 그들의 열매로 그들을 알리라"(마 7:20). 열매가 나타나는 사람은 예수님의 말씀을 듣고 행하는 사람이다. 이런 사람은 튼튼한 기초 위에 집을 지은 사람과 같다. 말씀을 듣고 행하지 않는 사람은 모래 위에 집을 지은 어리석은 사람과 같다고 비유하면서 예수님은 산상수훈을 결론지으셨다.

아는 것과 행동하는 것이 일치하지 않아 고민한 사람이 있다. 「칭찬은 고래도 춤추게 한다」라는 책을 쓴 켄 블랜차드이다. 그가 친구와 대화를 하다가 "네가 강의하고 가르친 것이 어느 정도 그 사람들에게 실행되고 있는 것 같니?"라는 질문을 받고 문제의식을 느꼈다. 그래서 성공동기연구소의 설립자 폴 마이어 박사와 함께 책을 썼다. 「춤추는 고래의 실천」(Know Can Do, 청림출판, 2009)이라는 제목의 책이다. 이 책에서 말하는 행함의 교훈이 유익하다.

일하는 사람이 배운 것을 실천하지 못하는 이유는 첫째, 정보가 많기 때문이라고 켄 블랜차드는 지적한다. 그럼 어떻게 하면 제대로 실행할 수 있을까? 중요한 것을 반복하는 것이다. '반복'의 중요한 메시지 하나는 필요하고 중요하다는 뜻이다. 반복 속에서 필요와 중요성을 찾아내야 한다. 결국 무엇이 필요하고 중요한지 제대로 판단하는 안목이 있어야 한다. 의미 없는 쓰레기 정보나 가짜 뉴스에 휘둘리지 말아야 한다. 우리 크리스천 직업인의 경우, 예수님의 말씀과 같은 진리나 나의 일과 삶에도 적용되는 중요한 원칙을 잘 구별하여 숙지해야 한다.

우리가 알고도 행동하지 못하는 두 번째 이유는 안 좋은 방향으로 생각하기 때문이다. 부정적으로 생각하는 경우가 많다. 먼저 안되는 이유가 떠오른다. 그런데 일단 긍정하고 경청하면 생각 속에서 가능성이 작동하기 시작한다. 처음엔 막막한데 가능하게 하는 아이디어가 떠오른다. 생각이 생각을 낳아 결국 문제를 해결할 기회가 주어진다. 이렇게 긍정적인 마음을 가지면 믿어진다. "믿음은 바라는 것들의 실상(substance)이요 보지 못하는 것들의 증거(evidence)"(히 11:1)라고 히브리서 기자는 단호하게 '믿음장'을 시작한다. 지금은 안 보이지만 결국 실체가 된 증거가 있다. 그것을 바라보는 것이 바로 믿음이다. 이렇게 믿음은 긍정이다. 예수 그리스도 안에서 얼마든지 "예!"(Yes!)가 되는 힘이다(고후 1:20). 내가 아니라 우리 주님이 하신다. 이런 믿음이 바로 실행의 원동력이다. 목표와 계획을 세우는 사람은 많지만 세우기만 한다고 다 이루는 것은 아니다. 행동에 집중해야 한다. 실행이 없는 비전은 비극이다!

구체적인 실행을 위해 긍정적인 사고를 연습하면 좋다. '신호등' 사고방식을 실천해보라. 먼저 초록불 사고로 시작한다. 어떤 일에 대해 찬성하고 긍정적으로 생각하기를 먼저 하고, 다음에 노란불, 조심해야 할 것을 찾는다. 마지막에 빨간불, 어렵고 안 될 만한 상황을 생각하면 좋다. 초록, 노랑, 빨강, 신호등에 빗댄 세 가지 생각을 순서대로 하면서 행함을 연습할 수 있다.

아브라함에게 "너는 내 앞에서 행하여 완전하라"(창 17:1)고 하신 하나님께 기도한다.

"말씀을 듣고 행하라고 강조하신 전능하신 하나님, 하나님이 제게 주신 비전과 소명을 실행하기 위해 노력하겠습니다. 중요한 것이 무엇인가 우선순위를 잘 선택할 수 있는 지혜를 주소서. 하나님이 하실 것을 믿는 믿음으로 긍정적 사고를 하겠습니다. 하나님의 뜻을 찾아가며 주신 소명을 실행하여 열매 맺는 삶을 살도록 인도해주소서."

11
일터 소명

>>> 요한복음 10:22-28

21세기 도시 유목민,
예수님에게 배우라

프랑스의 석학 자크 아탈리는 그의 책 「21세기 사전」(랜덤하우스코리아, 1999)에서 21세기의 인류를 '도시 유목민'이라고 정의했다. 첨단 기기를 들고 정보와 돈을 찾아다니는 상류층이 유목민의 모습이다. 또한 이리저리 떠밀려 유목생활하듯 정처 없이 살아가는 하류층도 역시 유목민과 비슷하다. 아탈리가 유목민에게 필요한 지혜는 '선'(禪)사상이라고 말하는 것이나 수긍이 가지 않는 내용이 더러 있지만 21세기 인류의 특징을 '유목민'으로 정의한 것은 설득력이 있다. 4차 산업혁명의 시대까지 미리 읽은 것은 아니지만 오늘 우리시대 상황에 어떻게 적용하며 미래를 준비할 수 있을지 생각해볼 수 있다.

예수님이 유대인들에게 항의를 받으며 양과 목자를 비유하여 말씀하셨다. "예루살렘에 수전절이 이르니 때는 겨울이라. 예수께서 성전 안 솔로몬 행각에서 거니시니 유대인들이 에워싸고 이르되 당신이 언제까지나 우리 마음을 의혹하게 하려 하나이까. 그리스도이면 밝히 말씀하소서 하니 예수께서 대답하시되 내가 너희에게 말하였으되 믿지 아니하는도다. 내가 내 아버지의 이름으로 행하는 일들이 나를 증거하는 것이거늘 너희가 내 양이 아니므로 믿지 아니하는도다. 내 양은 내 음성을 들으며 나는 그들을 알며 그들은 나를 따르느니라. 내가 그들에게 영생을 주노니 영원히 멸망하지 아니할 것이요. 또 그들을 내 손에서 빼앗을 자가 없느니라"(요 10:22-28).

아탈리가 21세기 현대인이 도시 유목민으로 살아간다고 예측한 것을 예수님이 말씀하신 선한 목자의 비유와 견주어보면 유목민의 의미를 발견할 수 있다. 예수님께 양 치는 법을 제대로 배울 수 있다. 예수님은 선한 목자의 비유에서 양의 우리에 들지 않은 다른 양들을 인도해야 한다고 말씀하신다. 어떻게 하면 우리에 들지 않은 양들을 인도할 수 있는가? 그 방법은 양들을 위해 목숨을 버리는 것이라고 하셨다(15-17절).

이것이 바로 21세기 사람들이 도시 유목민으로 살아간다는 자크 아탈리의 주장을 빌려오면서 우리가 관심을 가져야 할 점이다. 우리도 유목민으로 살아간다면 예수님을 본받아 우리에 들지 않은 양을 찾아 그들을 제대로 인도해야 한다. 유목민(遊牧民)은 돌아다니는 이동성(遊)에 정체성이 있는 게 아니라 가축을 키우고 먹여 살리는(牧) 일에 방점이 찍혀야 그 가치가 제대로 드러나기 때문이다.

그런데 예수님 당시에도 예수님의 선한 목자의 비유를 듣고 엉뚱한 논쟁을 유발했던 유대인들이 있었다. 예수님이 그들의 마음에 의혹을 준다고 하면서 그리스도라면 정체를 분명히 밝히라고 했다. 그 유대인들과 같이 길 잃은 양들이 오늘 우리 일터와 세상에도 많이 있다. 우리와 함께 일하는 동료나 거래처 사람, 우리가 섬기는 고객들이 바로 우리가 관심 가져야 할 양들이다.

그 양들을 찾는 일을 바로 예수님을 따르는 우리가 해야 한다. 잃어버린 양들을 위해 목숨까지 내놓는 모범을 보이신 주님을 따라 우리도 목숨을 걸 수 있도록 준비해야 하지 않겠는가? 예수님은 말씀하신다. "내가 너희에게 말하였으되 믿지 아니하는도다. 내가 내 아버지의 이름으로 행하는 일들이 나를 증거하는 것이거늘 너희가 내 양이 아니므로 믿지 아니하는도다."

그러면 목자이신 예수님의 양은 어떤 특징을 가지고 있는가? 양들은 주인의 음성을 들으면 바로 안다. 그래서 주인을 따른다. 목자 예수님은 양들에게 영생을 주신다. 영생을 얻은 우리는 영원히 멸망하지 않고 예수님의 보호 아래 있다. 우리가 목자 예수님의 보호 아래서 누리는 이런 귀한 은혜를 우리 주변의 양들에게 전할 수 있어야 한다. 21세기 도시 유목민은 첨단 기기를 들고 여기저기 출장 다니고 여행 다니기만 하면 저절로 되는 것은 아니다. 목초지를 찾아다니면서 양들을 돌봐야 하는 유목민의 그 직업적 정체와 치열한 사랑의 느낌을 일터에서 실천하는 우리의 영혼 사랑으로 승화시킬 수 있어야 한다.

21세기 도시 유목민의 삶을 예수님께 제대로 배워야 한다. 목자 예수님의 음성을 알아듣고 따르는 은혜를 우리가 받았듯이 우리 일터의 사람들, 일하며 만나는 사람들에게 예수님의 사랑과 은혜를 전해야 한다. 목자 예수님의 음성을 듣고 따르며 영생을 선물로 받는 일이 인생에서 얼마나 중요한지 알리기 위한 노력을 다해야 한다.

선한 목자이신 예수님께 배워 진정한 21세기 유목민이 되기 위해 기도한다.

"사랑하시는 하나님 아버지, 잃어버린 양을 찾는 21세기의 진정한 도시 유목민으로 거듭날 수 있도록 인도해주소서. 사람들의 영혼에 관심을 갖는 목자의 심정을 주님께 배우기 원합니다. 또한 시대 상황에 적합한 직업인이 되기 위해 전문성과 필요한 인성을 잘 갖추어 갈 수 있도록 주님이 도와주소서."

너희 아버지께서는 이런 것이 너희에게 있어야 할 것을
아시느니라. 다만 너희는 그의 나라를 구하라.
그리하면 이런 것들을 너희에게 더하시리라. 눅 12:30-31

너희는
먼저
하나님 나라를
구하라

01
하나님 나라

하나님 나라, 비즈니스!

예수님은 공생애를 시작하면서 하나님 나라를 선포하셨다. "회개하라. 천국이 가까이 왔느니라"(마 4:17). 예수님은 하나님 나라에 대해 말씀하셨고, 직접 천국의 모습을 느끼도록 보여주셨다. 병자를 고쳐주고 죽은 사람을 살리시면서 천국은 질병과 고통과 죽음이 없는 곳임을 알려주셨다. 귀신 들린 사람에게서 귀신을 내쫓으시며 천국은 사탄이 아니라 하나님이 통치하시는 나라임을 보여주셨다. 오병이어 이적을 통해 사람들을 배부르게 먹이시면서 천국이 풍요롭고 부족함 없는 곳임을 보여주셨다. 이렇게 보여주신 하나님 나라의 이미지 중에서 일하는 사람이 금방 이해할 만한 친숙한 가르침도 있다.

예수님은 한 종에 대한 비유로 하나님 나라를 알려주셨다. "이러므로 너희도 준비하고 있으라. 생각하지 않은 때에 인자가 오리라. 충성되고 지혜 있는 종이 되어 주인에게 그 집 사람들을 맡아 때를 따라 양식을 나눠줄 자가 누구냐. 주인이 올 때에 그 종이 이렇게 하는 것을 보면 그 종이 복이 있으리로다. 내가 진실로 너희에게 이르노니 주인이 그의 모든 소유를 그에게 맡기리라"(마 24:44-47).

십자가 죽음을 앞둔 예수님은 종말에 대해 말씀하셨다. "이러므로 너희도 준비하고 있으라. 생각하지 않은 때에 인자가 오리라"(마 24-25장). 이후 장차 임할 하나님 나라를 언급하시며 한 종이 등장하는 비유를 말씀하셨는데, 이 '종'은 집안의 모든 살림을 책임진 청지기(steward)다. 주인이 여행을 떠나면서 이 종에게 집안사람들을 맡아 충성과 지혜로 때를 따라 양식을 나눠주는 책임을 맡겼다. 사람을 부양하는 일이 참 중요하다. 사실 이 일은 하나님이 하시는 일이다. "모든 육체에게 먹을 것을 주신 이에게 감사하라. 그 인자하심이 영원함이로다"(시 136:25). 집안의 살림을 맡은 청지기가 집안사람들에게 먹을거리를 주는 일은 생육하고 번성하라고 하신 하나님의 창조명령을 수행하는 일이기도 하다(창 1:28).

이것은 구체적으로 비즈니스와 경영을 말한다. 여행을 떠난 주인이 책임지고 하는 일을 청지기가 대신한다. 오늘 우리도 이런 비즈니스를 하고 있다. 비즈니스를 통해 가족뿐만 아니라 우리와 관계된 모든 사람을 부양하여 하나님 나라를 실현하는 책임이 우리에게 주어졌다.

누가복음 18장에서도 예수님은 비즈니스와 관련하여 하나님 나라를 설명하신다. 영원한 생명을 얻기 위해 찾아온 한 관리에게 예수님이 말씀하셨다. 영생을 얻기 원한다면 가진 것을 다 팔아 가난한 자에게 나눠주고 예수님을 따르라고 하셨다. 여기서 예수님은 그 부자 관리에게 가진 재산을 다 '기부' 하고 예수님을 따르라고 말씀하시지 않았다. 재산을 '팔아' 서 가난한 자들에게 나눠주라고 하셨다. 이렇게 파는 일이 하나님 나라의 일이다. 부자가 재산을 팔아 얻은 돈을 가난한 사람들에게 나눠주는 일은 재산의 사회 환원이라고 볼 수 있다. 오늘날 기업이 하는 일이기도 하다. 이런 비즈니스가 바로 하나님 나라를 보여준다. 우리는 비즈니스를 통해서 이 땅에 하나님 나라를 실현한다.

이런 비즈니스를 잘 감당하면 얻을 상이 있다. "주인이 그의 모든 소유를 그에게 맡기리라." 부자 관리에게도 말씀하셨다. "그리하면 하늘에서 네게 보화가 있으리라"(눅 18:22). 이런 상을 얻기 위해서 오늘 우리는 비즈니스를 감당한다. 우리는 오늘 일하면서 장차 임할 하나님 나라에서 우리에게 맡겨주시는 모든 소유를 맡아 경영할 연습을 하는 셈이다. 예수님은 우리에게 천국 잔치에 참여하고 다스리는 특권을 누리기 위해서는 이 땅에서 비즈니스를 제대로 감당하라고 분명하게 말씀하신다.

가진 것을 다 팔아 나눠주고 따르라는 예수님의 권면을 받은 부자 관리는 근심하면서 돌아갔다. 어떤 결정을 내렸을까? 오늘 우리에게도 주님이 결단을 요구하신다. 우리가 가진 것을 다 팔아 하나님 나라에 쌓아두어야 한다. 우리 인생의 우선순위이자 하나님 나라를 위한 헌신의 결단을 주님이 우리에게도 요구하신다.

우리 인생에 대한 근본적인 관심과 비전을 하나님 나라에 맞추어야 한다. 우리 시간과 재능과 재물과 우리 인생의 모든 것을 하나님 나라를 위해 팔아야 한다. 사람들에게 때를 따라 양식을 나눠주는 비즈니스를 잘 감당하기 위해 애써야 한다. 우리가 하는 일이 헌신의 '비즈니스'가 되어 하나님 나라를 실현한다.

하나님 나라라는 귀한 소명과 비전을 주신 하나님께 기도한다.

"세상의 모든 비즈니스도 주관하시는 하나님, 비즈니스 개념으로 하나님 나라를 알려주신 예수님의 가르침에 감사합니다. 제가 가진 모든 것을 다 움켜쥐고 있으면 하나님 나라를 실현할 수 없음을 꼭 기억하겠습니다. 하나님 나라를 위해 팔아야 할 것이 무엇인지 잘 깨닫게 도와주소서. 무엇이 중요한지 우선순위를 잘 세워 하나님 나라 지향적인 삶을 살게 인도해주소서. 오늘 하는 일을 통해 하나님 나라가 비즈니스임을 기억하고 장차 맡게 될 모든 소유를 잘 경영할 준비를 할 수 있도록 잘 준비하게 해주소서."

〉〉〉 마태복음 19:27-28, 누가복음 22:28-30

하나님 나라, 리더십!

　'천국은 어떤 곳일까?' 누구나 생각할 것이다. 어린 시절에 본 만화영화 〈은하철도 999〉가 당시 어린 눈으로 보았던 것보다 훨씬 복잡한 내용을 가지고 있었는데, 한 가지는 선명하게 기억난다. 주인공철이가 기차를 타고 목적지에 도착했는데 '천국'일 것이라고 기대한그곳의 삶은 정말 무기력하고 따분했다. 빌딩이 무너져도 사람들이피하지 않는 이유를 물으니 죽지도 않을 건데 뭣 때문에 피하느냐고한다. 천국은 과연 그런 곳일까? 틀림없이 그렇지는 않다. 장차 임할하나님 나라에 대해 예수님은 '다스림'이 있을 것이라고 말씀하신다. 리더십은 결코 무료하지 않다. 밀고 당기며 긴장되고 성취감과만족감을 느낄 수 있는 일이다. 비즈니스라는 이미지 외에 예수님이하나님 나라에 대해 알려주시는 리더십을 살펴보자.

　하나님 나라를 묘사하는 리더십에 대해서 예수님이 말씀하신다.
"이에 베드로가 대답하여 이르되 보소서. 우리가 모든 것을 버리고 주를 따랐사온대 그런즉 우리가 무엇을 얻으리이까. 예수께서 이르시되 내가 진실로 너희에게 이르노니 세상이 새롭게 되어 인자가 자기 영광의 보좌에 앉을 때에 나를 따르는 너희도 열두 보좌에 앉아 이스라엘 열두 지파를 심판하리라"(마 19:27-28). "너희는 나의 모든 시험 중에 항상 나와 함께 한 자들인즉 내 아버지께서 나라를 내게 맡기신 것같이 나도 너희에게 맡겨 너희로 내 나라에 있어 내 상에서 먹고 마시며 또는 보좌에 앉아 이스라엘 열두 지파를 다스리게 하려 하노라"(눅 22:28-30).

영생을 얻는 방법을 질문하던 재물이 많은 관리는 돌아갔지만 예수님은 제자들에게 하나님 나라에 대한 가르침을 주셨다. 부자가 하나님 나라에 들어가기가 힘들다고 하자 베드로가 모든 것을 버리고 주님을 따랐으니 하나님 나라에서 무엇을 얻을 수 있을지 질문했다. 예수님은 세상이 새롭게 되어 온 세상을 심판하시게 될 때 예수님을 따르는 사람들은 예수님과 함께 세상을 심판할 것이라고 말씀하셨다(마 19:28). 무슨 뜻인가? 천국은 아직 우리가 가본 곳이 아니라서 잘 모르는 곳이긴 하지만 그곳에서 우리가 경험할 중요한 일 한 가지는 '리더십'이라는 뜻이다. 장차 임할 하나님 나라에서 우리가 할 일은 리더십과 관련 있다고 우리가 이해할 수 있다. 예수님의 말씀은 우리가 천국에서 할 일이 무엇인가 보여주는 중요한 단서가 된다.

십자가에 달려 돌아가시기 전날 밤의 유월절 만찬에서도 예수님은 하나님 나라에서 우리가 할 일에 대해 말씀하셨다. "너희로 내 나라에 있어 내 상에서 먹고 마시며 또는 보좌에 앉아 이스라엘 열두 지파를 다스리게 하려 하노라"(눅 22:30).

이스라엘 열두 지파는 하나님 나라의 구성원들일 텐데 구체적으로 어떤 사람들인지 정확히 알기는 힘들지만, 결국 그들을 다스리는 일을 한다고 예수님이 분명하게 말씀하셨다. 하나님 나라에 다스림, 즉 리더십이 존재한다는 점은 분명하다. 한 나라에서 다스림의 대상인 사람(국민)과 더불어 다스릴 주권을 가지고 다스릴 영역(영토)이 있어야 하는데 명확하지는 않으나 상상해볼 수는 있다. 아직도 우주는 생성 과정뿐만 아니라 그 크기도 정확히 밝혀지지 않았다. 우주에서 그야말로 한 점에 불과한 태양계조차 거의 미지의 세계이다. 우리가 행할 다스림이 광대한 우주의 베일에 가린 신비와 연관되지는 않을까 막연하지만 즐거운 상상을 해볼 수 있다.

중요한 점을 놓치지 말아야 한다. 하나님 나라가 리더십과 관계 있으니 오늘 우리가 일하면서 리더십을 훈련하는 것이 우리의 책임과 사명이다. 하나님을 믿는 사람들이 이 세상에서 일하면서 훈련하는 리더십은 이 세상에서만 유효한 것이 아니라 천국에서도 이어질 수 있다는 점을 우리가 꼭 기억해야 한다. 천국을 직접 갔다 왔다는 사람들의 이야기는 오늘도 계속되고 있지만 정확한 사실은 잘 알 수 없다. 공통되는 점도 있지만 일치하지 않고 모순되는 이야기도 있다.

하지만 예수님이 말씀하신 하나님 나라의 이미지는 너무나 분명하다. 바로 리더십이다. 천국에는 분명히 다스림이 있기에 비즈니스 현장에서 우리가 훈련하고 체험하는 리더십은 장차 임할 하나님 나라에서 우리가 할 일의 예습이다. 진정한 리더십은 지위에서 나오는 권위가 아니라 영향력이라는 견해가 지지를 얻는데 바로 그런 영향력을 오늘도 일하면서 훈련할 수 있어야 한다.

　장차 임할 새 하늘과 새 땅, 천국에 대해 막연하거나 근거가 부족한 상상에 기대면 곤란하다. 묘사가 충분하지는 않아도 말씀에 근거한 하나님 나라를 기대해야 한다. 하나님 나라에 대해서 예수님이 하신 분명한 말씀대로 우리도 일하며 리더십을 훈련해야 한다. 우리가 하는 일이 하나님 나라를 더욱 분명하게 기대할 수 있게 한다. 하나님이 예수님께 맡기신 나라를 우리에게도 맡겨 하나님 나라에서 보좌에 앉아 다스리게 하려 하신다는 말씀을 분명하게 기억해야 한다.

장차 임할 하나님 나라에 대해 알려주시는 하나님께 기도한다.
　"예수님에게 나라를 맡겨주신 하나님, 하나님 나라에 대해 장차 올 세상이라고만 생각하지 않습니다. 오늘 저의 일터 현장에서 리더십을 훈련하여 하나님 나라를 실현하고 준비할 수 있게 도와주소서. 가슴 벅차게 리더십을 발휘할 미래의 하나님 나라를 고대하며 영향력을 발휘하고 섬길 수 있는 직업인이 되도록 인도해주소서."

>>> 누가복음 22:28-30

03
하나님 나라, 먹고 마시는 일상!

하나님 나라

철학이나 사회학 분야에서 사람들이 먹고 마시고 잠자고 놀고 일하는 일상의 삶에 대한 관심을 표현하곤 한다. 신학 분야에서도 그리 활발하지는 않지만 일상생활에 대한 신학이 언급되고 있다. 주일을 중심으로 한 종교적인 삶이 중요하지만 주중에 세상에서 살아가는 일상의 삶 역시 중요하다는 바람직한 생각을 하게 되었다. 일상의 삶 중 먹고 마시는 식사는 우리 삶에서 필수적이기도 하고 의미하는 메시지도 분명하다. 함께 식사하는 행위는 하나의 공동체라는 중요한 의미를 담고 있다. 이 식사가 하나님 나라와 어떤 연관이 있는지 살펴보자.

우리 주 예수님이 십자가 죽음을 앞둔 최후의 만찬 자리에서 하나님 나라의 일상성에 대해 말씀하셨다. "너희는 나의 모든 시험 중에 항상 나와 함께 한 자들인즉 내 아버지께서 나라를 내게 맡기신 것같이 나도 너희에게 맡겨 너희로 내 나라에 있어 내 상에서 먹고 마시며 또는 보좌에 앉아 이스라엘 열두 지파를 다스리게 하려 하노라"(눅 22:28-30).

장차 임할 하나님 나라에 대해서 복음서가 묘사하는 특징 중 하나가 바로 먹고 마시는 일상의 삶이다. 그것도 예수님이 베푸신 식탁에서 함께 먹고 마신다고 상상하면 가슴이 벅차오른다. 십자가 죽음을 앞둔 예수님이 최후의 만찬에서 하나님 나라에서는 예수님의 식탁에서 먹고 마신다고 말씀하셨다. "너희로 내 나라에 있어 내 상에서 먹고 마시며." "보좌에 앉아 이스라엘 열두 지파를 다스리게 하려" 한다는 리더십도 하나님 나라의 한 모습이지만 일상의 식탁도 하나님 나라를 보여준다.

우리가 하루도 빼놓지 않고 하는 식사의 자리를 예수님이 하나님 나라를 설명하는 한 이미지로 분명하게 언급하셨다. 사도 바울이 "하나님의 나라는 먹는 것과 마시는 것이 아니요 오직 성령 안에 있는 의와 평강과 희락이라"(롬 14:17)고 말했다. 그런데 바울은 하나님 나라가 먹고 마시는 일상의 식사와 같다는 예수님의 말씀을 반박하지 않는다. 당시 로마교회가 겪던 우상의 제물을 먹는 문제로 인한 분란을 지적하며 음식문제로 다투지 말고 의와 평강과 희락인 하나님 나라를 추구하라고 권면했다. 부활하신 예수님을 만난 제자들이 놀랐을 때 먹을 것을 달라고 하여 생선 한 토막을 잡수신 장면을 보아도 장차 임할 하나님 나라에서도 식사와 같은 어떤 활동이 있을 것을 짐작할 수 있다(눅 24:41-43).

예수님이 공생애를 보내실 때 하신 중요한 일 중 하나도 '식사'였다. "먹기를 탐하고 포도주를 즐기는 사람이요 세리와 죄인의 친구"(눅 7:34)라는 말은 예수님이 들었던 별명인데 별명치고는 좀 길었다. 한마디로 말하면 '먹보!'였다. 먹는 것을 얼마나 중요하게 여기셨으면 이런 다소 모욕적인 별명으로 불리셨겠는가? 그런데 예수님이 그럴듯한 사회적 지위를 가진 사람들의 식탁에서 비싼 음식을 드신 경우는 많지 않았다. 오히려 랍비들은 상대도 하지 않던 세리나 창기와도 함께 식사하셨다.

이런 식탁교제를 통해서 예수님은 천국의 모습을 보여주셨다. 천국은 그렇게 사람 가리지 않고 모든 사람에게 열려 있다. 당시 죄인의 대명사였던 세리와 창기도 예수님을 믿으면 하나님 나라에 들어갈 수 있다는 복음을 예수님이 보여주셨다. 요한계시록에서 구원을 함께 먹고 마심이라고 묘사하는 장면도 맥을 같이한다. "볼지어다. 내가 문 밖에 서서 두드리노니 누구든지 내 음성을 듣고 문을 열면 내가 그에게로 들어가 그와 더불어 먹고 그는 나와 더불어 먹으리라"(계 3:20). 이렇게 예수님은 함께 먹고 마시는 식사라는 이미지를 통해 구원받은 하나님 나라 공동체를 보여주려고 하셨다.

예수님은 하나님 나라를 잔치로도 비유하신다(눅 14:15-24). 어떤 사람이 큰 잔치를 열어놓고 많은 사람을 초청했다. 그런데 초청장을 받은 사람들이 막상 잔치하는 날에 오지 않았다. 밭을 사거나 소를 많이 샀고 장가를 갔으니 못 가겠다면서 핑계를 댔다. 그래서 화가 난 주인은 길에 나가 가난한 자와 장애인과 소외된 사람들을 다 데려오라고 했다. 그렇게 잔칫집을 채웠다.

우리가 겪은 옛 고향 마을의 잔칫집을 생각해보면 된다. 그 시골 잔치의 풍경이 떠오르는데, 모르는 사람도 그리 어색하지 않게 걸터 앉아 주린 배를 채우고 갈 수 있었다. 소박하지만 여유가 있었고 나누는 모습이 아름다웠다. 천국의 잔치는 이렇게 모든 사람에게 열려 있다. 그곳에 가서 함께하면 된다. 이런 식탁과 잔치의 이미지는 주인의 즐거움에 참여하는 축복이다. 십자가를 앞두고 예수님이 세상의 종말을 말씀하실 때 하신 말씀이다. 맡은 일에 충성하는 종에게 이런 상을 준다고 약속하셨다. "네 주인의 즐거움에 참여할지어다"(마 25:23). 이렇게 음식을 함께 나누는 흥겨운 잔치가 바로 하나님 나라이다.

우리가 식사만 함께하면 하나님 나라가 이루어지는 것은 아니지만 날마다 가족이나 일터의 사람들과 나누는 식탁교제의 중요함은 꼭 기억해야 한다. 잔치 자리에 담긴 풍성한 하나님 나라 이미지를 보여주신 예수님을 따라 사람들에게 하나님 나라의 풍성함과 교제를 일상사를 통해 보여주기 위해 애써야 한다. 식사 자리와 잔치의 기회가 주어질 때마다 하나님 나라의 홍보대사 역할도 잘 감당해야 한다.

먹고 마시는 일상의 삶에서 하나님 나라를 느끼게 하신 하나님께 기도한다.

"사랑하시는 하나님 아버지, 먹고 마시는 기본적인 삶, 저의 일상을 소홀히 하며 하나님 나라를 위해 산다는 어리석음을 범하지 않겠습니다. 하루하루의 삶 속에서 하나님 나라를 충분히 느끼게 하시고 일터의 사람들에게 하나님 나라를 소개하고 보여줄 수 있도록 인도해주소서."

>>> 누가복음 4:3-9,12

경제, 정치, 종교 문제
해결로 불가능하다

　예수님은 요단강에서 세례받은 후 광야에서 40일 동안 시험을 받
으셨다. 성령님이 주도하셨고, 마귀에게 시험을 받으셨다. 마태와 마
가가 구체적으로 전하는 마귀의 세 가지 시험은 배고픔, 세상의 권
세, 인기라는 과목이었다. 그런데 교활한 마귀는 세 가지 시험에서
개인적 필요를 채우는 것이 아니라 예수님이 이미 능력이 있으니 당
시의 사회적 문제를 해결해 당장 메시아가 되라고 유혹했다. 마귀는
당시의 거대한 사회제도인 경제(떡), 정치(산), 종교(성전)를 아우르
는 메시아 왕국을 세우라고 유혹했다(도널드 크레이빌, 「예수가 바라본 하나
님 나라」, 복있는사람, 54쪽). 이런 심각한 마귀의 유혹을 예수님이 어떻게
이겨내시고 또한 마귀의 제안이 아닌 예수님이 본래 생각하신 하나
님 나라는 어떻게 이 세상에 이루어지는지 살펴보자.

　예수님은 광야에서 40일간 금식하며 세 가지 시험을 받으셨다.
"마귀가 이르되 네가 만일 하나님의 아들이어든 이 돌들에게 명하여 떡이 되게 하라. 예수께서 대답하시되 기록된 바 사람이 떡으로만 살 것이 아니라 하였느니라. 마귀가 또 예수를 이끌고 올라가서 순식간에 천하 만국을 보이며 이르되 이 모든 권위와 그 영광을 내가 네게 주리라. 이것은 내게 넘겨준 것이므로 내가 원하는 자에게 주노라. 그러므로 네가 만일 내게 절하면 다 네 것이 되리라. 예수께서 대답하여 이르시되 기록된 바 주 너의 하나님께 경배하고 다만 그를 섬기라 하였느니라. 또 이끌고 예루살렘으로 가서 성전 꼭대기에 세우고 이르되 네가 만일 하나님의 아들이어든 여기서 뛰어내리라. …예수께서 대답하여 이르시되 주 너의 하나님을 시험하지 말라 하였느니라"(눅 4:3-9,12).

금식하신 예수님께 돌로 떡을 만들어 먹으라는 마귀의 첫 번째 시험은 경제문제였다. 민생문제 해결로 가장 빠르게 하나님 나라를 이루라는 유혹이었다. 오늘날에도 경제문제 해결은 사람의 마음을 사로잡는 가장 빠른 방법이다. 당시 1세기 팔레스타인은 빈부 격차가 심했고, 농민은 매우 가난했다. 예수님도 그 사실을 잘 아셨다. 예수님 자신도 갈릴리로 돌아가서 정말 그 흔한 돌덩이를 떡으로 만들어 배고픈 무리를 먹이고 싶으신 충동이 들었을 것이다. 그렇게 할 능력도 충분했다.

그러나 결국 예수님은 마귀의 시험에 어떻게 대응하시는가? "기록된 바 사람이 떡으로만 살 것이 아니라 하였느니라." 신명기 8장 3절 말씀을 인용해 대응하셨다. 예수님은 경제문제로 하나님 나라를 세울 수 없다고 단호하게 거절하셨다. 예수님의 해답은 무엇이었을까? 바로 예수님의 십자가 죽음과 부활이었다. 십자가를 앞두고 마지막 유월절 만찬에서 떡을 떼어 제자들에게 주시며 이렇게 말씀하셨다. "이것은 너희를 위하여 주는 내 몸이라"(눅 22:19). 돌을 떡으로 바꾸는 경제 기적이 아니라 예수님의 몸이 으깨지고 빻아지고 구워지고 사람들을 위해 소화되어야 세상을 구원한다고 말씀하셨고, 그렇게 실천하셨다.

두 번째 시험은 마귀가 예수님을 높은 산으로 이끌고 올라가 천하만국을 보이며, 자신에게 절하면 그 모든 것을 다 주겠다는 정치적 해결책에 대한 유혹이었다. 그러면 이스라엘이 힘을 가져 로마의 가이사도 더는 유대인들을 착취하지 못할 터였다. 그 산꼭대기에서 예수는 자신의 막강한 권력을 꿈꿀 수 있었다.

당시 수많은 '메시아'가 일어났던 현실을 예수님이 모르지 않으셨다. 그런데 왕이 되면 결국 폭력을 통치의 방법으로 수용해 로마를 무너뜨려야 했다. 예수님은 정치적 해결로 메시아가 되라는 유혹을 일축하며 이렇게 말씀하셨다. "기록된 바 주 너의 하나님께 경배하고 다만 그를 섬기라 하였느니라." 하나님 나라는 사탄에게 절하고 세상의 권력을 얻는 정치적 방법이 아니라 하나님께 경배하고 하나님만 섬기는 일을 통해 세워질 수 있다.

두 번째 시험도 실패하자 마귀는 예수님을 이끌고 예루살렘 성전 꼭대기에 세우며 하나님의 아들이면 뛰어내리라고 했다. 이때 마귀는 시편 91편 11~12절 말씀을 인용했다. 성전 위에서 낭떠러지로 뛰어도 천사들이 지켜 무사하다면 하나님의 아들로 세상에 온 사명을 금방 드러낼 수 있다는 솔깃한 제안이었다. 이것은 종교적 유혹이었다.

유대교의 핵심장소인 성전에서 뛰어내려도 아무 이상이 없다면 종교 지도자와 백성들도 메시아로 인정할 것이라는 유혹이었지만 예수님은 거절하셨다. "주 너의 하나님을 시험하지 말라 하였느니라." 예수님은 제도화된 종교적 문제 해결로 하나님 나라 세우기를 거절하셨다. 물론 당시 유대교를 무시하지 않고 회당과 성전에서 가르치셨고 율법도 인정하셨다. 그러나 유대교의 실천적인 면, 신앙적인 면이 병든 것은 용납하지 않으신다. 외식과 위선과 비신앙을 꾸짖으셨다.

하나님 나라는 사탄이 유혹하는 대로 당장 이루어지지 않았다. 예수님이 하나님 나라를 사람들에게 보여주시는 과정이 있었다. 공생애 사역 동안 말씀으로, 이적으로 하나님 나라를 설명하고 맛보여주셨다. 그 후 십자가에서 세상 죄를 대신해 죽는 흠 없는 하나님의 어린양이 되신 후 하나님 나라는 이루어진다. 예수님의 십자가 외에 어떤 다른 것으로도 하나님 나라를 이룰 수 없음을 꼭 기억해야 한다.

하나님 나라를 임하게 하시는 하나님께 기도한다.

"세상 문제 해결을 위해 예수님을 보내신 하나님, 하나님의 방법으로만 하나님 나라를 제대로 세울 수 있음을 꼭 기억하겠습니다. 경제적, 정치적, 종교적 문제 해결로 하나님 나라를 세울 수 없다고 거절하신 예수님께 배우겠습니다. 사랑이라는 새로운 율법으로, 희생 제사와 정결 의식과 같은 율법을 끝장내신 예수님의 십자가 구속사역이 모든 문제의 해결책임을 믿고 순종하게 도와주소서."

05
하나님 나라

희년을 실천하여
바늘귀를 통과한 부자

성경 인물 '삭개오'라고 하면 어떤 이미지가 떠오르는가? 키가 작은 신체 특징인가? 당시 악명 높은 직업인 세리, 그것도 여리고 세무서를 책임진 세리장이었던 점인가? 이런 것들이 자연스럽게 연상된다. 그런데 이 삭개오는 혁명을 경험한 사람이었다. 인생 혁명이었다. 그의 삶이 송두리째 바뀌었다. 더구나 삭개오가 예수님을 만나 구원의 은혜를 체험한 때는 절묘하게도 예수님이 십자가를 지기 위해 예루살렘으로 가시는 마지막 여행길이었다. 그는 인생을 통해 하나님 나라를 자기 삶 속에서 체험하는 은혜를 누렸다.

누가복음은 다른 복음서에 기록되지 않은 한 사람, 삭개오에 대해 기록하고 있다. "예수께서 여리고로 들어가 지나가시더라. 삭개오라 이름하는 자가 있으니 세리장이요 또한 부자라. 그가 예수께서 어떠한 사람인가 하여 보고자 하되 키가 작고 사람이 많아 할 수 없어 앞으로 달려가서 보기 위하여 돌무화과나무에 올라가니 이는 예수께서 그리로 지나가시게 됨이러라. 예수께서 그곳에 이르사 쳐다보시고 이르시되 삭개오야 속히 내려오라. 내가 오늘 네 집에 유하여야 하겠다 하시니 급히 내려와 즐거워하며 영접하거늘 뭇 사람이 보고 수군거려 이르되 저가 죄인의 집에 유하러 들어갔도다 하더라. 삭개오가 서서 주께 여짜오되 주여 보시옵소서. 내 소유의 절반을 가난한 자들에게 주겠사오며 만일 누구의 것을 속여 빼앗은 일이 있으면 네 갑절이나 갚겠나이다. 예수께서 이르시되 오늘 구원이 이 집에 이르렀으니 이 사람도 아브라함의 자손임이로다. 인자가 온 것은 잃어버린 자를 찾아 구원하려 함이니라"(눅 19:1-10).

여리고 세무서의 유대인 책임자이자 부자였던 세리장 삭개오의 인생은 모순 그 자체였다. 그의 이름 뜻이 '깨끗한 자'였으니 지독한 아이러니가 아닐 수 없었다. 당시 로마 정부는 식민지의 세금 징수를 위해 입찰제로 현지인 책임자를 고용했다. 가장 많은 세금을 징수하겠다는 보장을 확실하게 해야 세리장이 될 수 있었다. 그렇게 동족의 피를 빨고 자기 배도 채우면서 부자가 된 그였다. 하지만 풀지 못할 고민이 있었다. 매국노로 비난받으니 자책감도 들었다. 그러다가 예수님이 여리고를 지나가신다는 소문을 듣고 가로수에 올랐다.

그런데 놀라운 일이 생겼다. 예수님이 돌무화과나무에 올라선 삭개오를 보고 이렇게 말씀하셨다. "삭개오야!" 언제 예수님이 삭개오를 만나신 적이 있는가? 삭개오의 이름을 이미 알고 계신 예수님은 그가 걸어온 험한 인생을 다 아셨다. 그분이 바로 오늘 당신의 이름도 부르신다. 삭개오는 세리로 살았던 자신의 삶을 돌이키는 회개를 예수님 앞에서 공개 선언했다. 재산의 절반을 사회에 환원하고 과다 징수한 세금은 네 배나 갚겠다고 했다. 예수님을 만난 후 삭개오는 그렇게도 집착하던 돈에 대해 어떤 미련도 남기지 않았다. 인생의 목적이 달라졌다. 삭개오야말로 인생 혁명가였다.

우리는 이 삭개오의 이후 행적을 조금 더 생각해보아야 한다. 삭개오는 예수님을 만난 이후 예수님의 제자 공동체에 속하지는 않았다. 예수님을 따랐다는 기록이 없다. 그렇다면 삭개오는 그의 일터에서 여전히 일하면서 예수님의 제자로 살았다고 볼 수 있다. 이 사실은 어떤 의미가 있는가? 여리고 세무서 관할지역에 사는 사람들은 멋진 세리장 한 사람을 만나는 복을 누렸다. 예수님을 만나 변화된 후 돈 욕심부리지 않고 제대로 일하는 멋진 세리장 삭개오야말로 예수님을 만난 인생 혁명의 완결편, 찬란하게 피어난 구원의 꽃이다.

마태와 마가는 예수님이 공생애를 시작하며 처음 선포하셨던 말씀이 "하나님 나라가 가까이 왔다"(마 4:17, 막 1:15)는 내용임을 기록하고 있다. 그런데 누가는 나사렛 회당에서 이사야 말씀을 읽으며 그 글이 응했다고 선언하신 일을 하나님 나라에 대한 첫 선포로 기록한다. "주의 성령이 내게 임하셨으니 이는 가난한 자에게 복음을 전하게 하시려고 내게 기름을 부으시고 나를 보내사 포로 된 자에게 자유를, 눈먼 자에게 다시 보게 함을 전파하며 눌린 자를 자유롭게 하고 주의 은혜의 해를 전파하게 하려 하심이라"(눅 4:16-21)는 말씀이었다.

여기서 '주의 은혜의 해'는 희년(Jubilee)을 말한다. 안식년이 일곱 번 반복된 후 땅을 돌려주고 이자를 탕감하고 노예를 해방시키는 은혜의 해였다. 부자 관리는 자기 재산 때문에 예수님 따르기를 포기했고 하나님 나라에 들어갈 수 없었다(눅 18:18-25). 그러나 삭개오는 용기 있게 부자 관리에게 하신 요구를 자청해 실천했다. 자신의 재산 절반을 가난한 자들에게 주고 과다징수한 세금의 네 배를 갚고 나면 삭개오에게 남아 있는 돈은 없었다. 삭개오는 그야말로 '바늘귀를 통과한 부자 낙타'였다.

예수님을 만난 우리도 일터에서 인생 혁명의 꽃을 피워야 한다. 희년의 실천으로 하나님 나라를 실현할 수 있어야 한다. 삭개오는 자기 지갑으로 회개를 표현했다. "내 소유의 절반을 가난한 자들에게 주겠사오며 만일 누구의 것을 빼앗은 일이 있으면 네 갑절이나 갚겠나이다." 하나님 나라를 실현한 삭개오의 삶을 우리도 일터에서 나타내 보여야 한다.

삭개오를 통해 예수님이 십자가로 가시는 마지막 길에 하나님 나라의 모습을 보여주신 하나님께 기도한다.

"죄인을 구원하시는 하나님, 어떤 철학이나 처세술이나 성공학도 아닌 복음 그 자체만으로 만족하게 하소서. 십자가로 가시는 마지막 길에 예수님을 만나 인생 혁명을 체험한 삭개오를 보며 구원의 기쁨과 복된 삶을 가져다주는 복음을 저의 일터 동료들에게도 전하고 싶습니다. 그가 실천한 희년의 의미를 저도 삶 속에서 실현하며 하나님 나라를 구체적으로 나타내 보일 수 있도록 인도해주소서."

>>> 누가복음 19:16-27

06
하나님 나라를 세우는
직업인의 성공

하나님 나라

예수님이 세리장 삭개오를 만나 구원에 관한 설교를 하셨다. "인자가 온 것은 잃어버린 자를 찾아 구원하려 함이니라." 그리고 그 말씀에 이어 한 가지 비유를 곁들여 설명하셨다. 한 귀족이 왕위를 받아 오려고 길을 떠나며 열 명의 종에게 한 므나씩 주어 장사하게 했다. 그 나라의 사람들이 뒤로 사람을 보내서 왕위를 얻어 오려고 간 그 귀족이 자신들의 왕이 되는 것을 원하지 않는다는 뜻을 전했다. 그런 쉽지 않은 환경 속에서 그 열 명의 종들이 장사를 했고, 드디어 그 귀족이 왕위를 받아서 돌아왔다.

하나님 나라를 세우는 크리스천 직업인의 성공에 대해 예수님이 비유를 말씀하셨다. "그 첫째가 나아와 이르되 주인이여 당신의 한 므나로 열 므나를 남겼나이다. 주인이 이르되 잘하였다. 착한 종이여 네가 지극히 작은 것에 충성하였으니 열 고을 권세를 차지하라 하고 그 둘째가 와서 이르되 주인이여 당신의 한 므나로 다섯 므나를 만들었나이다. 주인이 그에게도 이르되 너도 다섯 고을을 차지하라 하고 또 한 사람이 와서 이르되 주인이여 보소서. 당신의 한 므나가 여기 있나이다. 내가 수건으로 싸 두었었나이다. 이는 당신이 엄한 사람인 것을 내가 무서워함이라. 당신은 두지 않은 것을 취하고 심지 않은 것을 거두나이다. 주인이 이르되 악한 종아 내가 네 말로 너를 심판 하노니 너는 내가 두지 않은 것을 취하고 심지 않은 것을 거두는 엄 한 사람인 줄로 알았느냐. 그러면 어찌하여 내 돈을 은행에 맡기지 아니하였느냐. 그리하였으면 내가 와서 그 이자와 함께 그 돈을 찾았 으리라 하고 곁에 섰는 자들에게 이르되 그 한 므나를 빼앗아 열 므 나 있는 자에게 주라 하니 그들이 이르되 주여 그에게 이미 열 므나 가 있나이다. 주인이 이르되 내가 너희에게 말하노니 무릇 있는 자는 받겠고 없는 자는 그 있는 것도 빼앗기리라. 그리고 내가 왕 됨을 원 하지 아니하던 저 원수들을 이리로 끌어다가 내 앞에서 죽이라 하였 느니라"(눅 19:16-27).

예수님의 비유에서는 한 므나로 장사해서 남긴 종들 중 세 사람을 다룬다. '므나'는 그리스의 화폐 단위로 100데나리온에 해당한다. 동 일하게 받은 한 므나를 열 므나로 만든 사람과 다섯 므나로 만든 종이 있었다. 그리고 한 므나를 꽁꽁 싸두었다가 그대로 가지고 온 종도 있 었다. 왕의 응답은 당연히 남긴 사람은 칭찬하고, 그대로 싸 두었다가 가지고 온 사람은 책망이었다. 은행에서 이자를 받는 최소한의 노력 도 하지 않은 종을 꾸짖었다. 그리고 이전에 사신을 보내서 그 귀족의 왕 됨을 원치 않는다고 했던 사람들을 몽땅 끌어내 처형했다.

이 이야기에서 우리는 직업인의 능력과 성공에 관한 교훈을 얻을수 있다. 삭개오의 회심을 통해 인생의 진정한 성공은 돈이 아닌 구원이라는 점을 이미 확인했다. 그렇다면 구원받은 직장인의 성공은 하나님 나라와 관계있다는 점을 이 므나 비유가 보여준다. 장사해야하는데 환경이 그리 좋지 않다. 종들이 모시는 주인이 그 나라 사람들에게 배척당하는 상황이었다. 모든 반대와 핍박을 받으면서도 장사를 잘 해내야 하는 것이 바로 우리 크리스천 직업인의 처지이다. 한 가지 위로는 주인이 틀림없이 돌아오신다는 사실이다. 그때까지우리 크리스천 직업인은 최선을 다해 일해야 한다.

사람들은 보통 이 비유에서 한 므나로 열 므나를 만든 사람이 가장 많은 수익을 올렸으니 가장 성공한 사람이라고 생각하기 쉽다. 하지만 하나님 나라에서는 가장 많은 이익을 남긴 사람만 성공했다고 평가하지 않는다. 예수님이 칭찬하시는 대로 작은 것에 충성을 다하는 자세가 중요하다(17절). 각각 다른 큰 금액으로 나눠준 달란트 비유(마 25장)와 달리 적은 금액의 한 므나를 동일하게 나눠준 이 비유는 조금 다른 교훈을 줄 수 있다. 므나 비유는 인생의 기회가 공평함을 보여준다. 선천적으로 다른 차이도 있지만 우리는 누구나 동일한 기회를 가지는 측면이 있다. 예를 들어 시간은 대체로 누구에게나 동일하게 주어진다. 따라서 우리에게 주어진 기회를 살리기 위해 최선을 다해야 한다.

그런데 한 므나를 가지고 열 므나를 남긴 사람뿐만 아니라 다섯 므나를 남긴 사람이나 성경에 나오지는 않지만 세 므나, 두 므나는 물론 한 므나를 남긴 사람도 성공한 것이다. 예수님이 책망하신 대로 만약 여건이 여의치 못했다면 은행에라도 넣어두고 몇 퍼센트의 이익만을 남겼더라도 그것이 최선이었다면 성공일 것이다. 이것이 세상과 다른 하나님 나라의 성공관이다. 성공을 위해 어떤 노력을 기울이고 있는가? 우리는 우리 인생에서 하나님이 보시는 관점에서는 누구나 성공해야 한다.

예수님의 므나 비유를 직업인인 우리의 삶 속에서 적용해야 한다. 우리가 하는 일은 하나님 나라를 실현하는 귀한 일이다. 하나님이 기뻐하실 진정한 성공을 추구해야 한다. 하나님이 주신 은사로 장사하는 일에 매진해야 한다. 세상의 기준으로 많고 높고 크게 성공해야 진정한 성공이 아니라 주어진 기회를 살려 최선을 다해 성과를 얻는 하나님 나라의 성공을 추구해야 한다.

하나님 나라의 성공을 추구하기 원하시는 하나님께 기도한다.
"자녀들이 성공하기 원하시는 하나님, 주님이 삭개오의 이름을 아셨듯이 우리 이름도 아십니다. 구원받은 우리가 하는 일이 하나님 나라를 실현하는 귀한 일임을 분명히 기억하겠습니다. 우리에게 주신 '므나'를 잘 활용하여 인생의 비즈니스에 최선을 다하겠습니다. 지혜와 능력을 더하여주소서."

>>> 요한복음 6:5-11

내가 드린 것으로
세상을 살린다면

　　미미 레더 감독의 영화 〈아름다운 세상을 위하여〉(2000년)의 영어 제목은 'Pay It Forward'이다. '지불한다' 라는 뜻인 Pay의 라틴어 어근은 '지불해서 평화롭게 한다' 는 뜻이다. Back이 붙으면 준 사람에게 갚는다는 뜻이다. 그런데 Forward가 붙으면 준 사람에게 지불해서 갚는 것이 아니고 '다른 사람에게 갚는다' 는 뜻이 된다. 이 영화의 핵심 메시지를 제목이 담아내고 있다. 자신이 받은 사랑과 호의를 베푼 사람이 아닌 다른 사람에게 갚는 것이다. 영화 속의 주인공 소년 트레버는 학교에서 사회 과목 숙제인 '세상을 아름답게 만드는 방법' 을, 이렇게 다른 세 사람에게 사랑을 전달하는 방법으로 제안하고 자신이 몸소 실천했다. 이런 태도가 사랑이고 이런 사랑이 바로 세계의 평화를 가져다준다는 그리스도 정신을 이 영화가 보여준다.

　　복음서에도 한 소년의 헌신에 대해 요한이 기록했다. "예수께서 눈을 들어 큰 무리가 자기에게로 오는 것을 보시고 빌립에게 이르시되 우리가 어디서 떡을 사서 이 사람들을 먹이겠느냐 하시니 이렇게 말씀하심은 친히 어떻게 하실지를 아시고 빌립을 시험하고자 하심이라. 빌립이 대답하되 각 사람으로 조금씩 받게 할지라도 이백 데나리온의 떡이 부족하리이다. 제자 중 하나 곧 시몬 베드로의 형제 안드레가 예수께 여짜오되 여기 한 아이가 있어 보리떡 다섯 개와 물고기 두 마리를 가지고 있나이다. 그러나 그것이 이 많은 사람에게 얼마나 되겠사옵나이까. 예수께서 이르시되 이 사람들로 앉게 하라 하시니 그곳에 잔디가 많은지라. 사람들이 앉으니 수가 오천 명쯤 되더라. 예수께서 떡을 가져 축사하신 후에 앉아있는 자들에게 나눠주시고 물고기도 그렇게 그들의 원대로 주시니라"(요 6:5-11).

성경에서 세상을 아름답게 하는 그리스도 정신을 한 아이가 보여 주었다. 오병이어 이적은 복음서가 다 기록하는데 특히 요한복음은 한 아이에게 초점을 맞추었다. 예수님이 무리에게 말씀을 전하시는 데 해 질 녘까지 길어졌고 사람들은 허기졌다. 제자 빌립은 이백 데나리온 어치의 떡을 사도 사람들이 요기할 수준도 안 된다면서 예산을 잡아보았다. 그런데 안드레는 조금 달랐다. 답답한 마음에 이곳저곳을 돌아다녔던 모양이다. 보리떡 다섯 개와 물고기 두 마리가 담긴 아이의 도시락을 받아왔다. "그러나 그것이 이 많은 사람에게 얼마나 되겠사옵나이까?" 안드레의 생각이 빌립의 태도와 크게 다르지는 않았다. 그런데 똑같은 입장도 아니었다. 안드레는 뭔가 작은 실마리를 본 것인데 묵살해 버리지 않았다. 아이의 도시락에서 일말의 가능성을 기대하며 예수님께 알렸다.

결국 이 소년이 자신의 것을 드린 헌신을 통해서 예수님은 굶주린 사람들을 먹이셨다. 비록 가난한 사람들이 먹는 음식이지만 배고픈 사람들을 배불리 먹이셨다. 소년이 드린 작은 도시락으로 남자만 5천 명이나 되는 많은 사람이 하나님 나라를 체험한 이적은 참으로 놀라운 축복이 아닐 수 없다.

이 이적은 우리에게 어떤 교훈을 주는가? 우리는 여기서 한 아이가 자기가 가진 것을 드린 헌신과 안드레가 그것을 가지고 예수님을 의지한 믿음을 볼 수 있다. 사람들이 굶주려 지친 위기 상황에서 작은 도시락이라도, 얼마 되지 않으리라 판단되어도 믿음으로 예수님께 가져오는 일이 중요하다. 그러면 예수님은 비록 작은 것이라도 그것으로 사람들을 능히 살려내신다. 하나님의 능력을 사람들이 확인하고 그 축복을 누릴 수 있다.

물론 소년이 도시락을 드리지 않았으면 예수님이 많은 사람을 먹이는 이적을 베풀지 못하셨다는 뜻이 아니다. 예수님이 소년의 작은 도시락을 귀하게 여겨 이적의 마중물 역할을 하도록 사용해주셨으니 감사할 따름이다. 그러니 우리는 믿음을 가지고 우리가 가진 작은 것이라도 주님께 드리며 헌신해야 한다. 이 일을 놓고 나중에 제자들이 질문했고 예수님이 대답하셨다(요 6:28-29).

"우리가 어떻게 하여야 하나님의 일을 하오리이까?"

"하나님께서 보내신 이를 믿는 것이 하나님의 일이니라."

하나님이 보내신 예수 그리스도를 믿는 것이 바로 하나님의 일이다. 하나님이 하신다는 믿음을 가지고 우리가 가진 것을 드리면 하나님이 이루신다. 오늘 우리 모습이 비록 작고 보잘것없어도 하나님을 의지하는 믿음을 가지면 하나님이 하신다. 우리가 드린 작은 것으로도 하나님이 세상을 살려내시고 하나님 나라를 많은 사람에게 보여주신다.

예수님께 자기 도시락을 드린 한 아이의 믿음과 헌신을 우리도 배워야 한다. 자신이 가진 것은 보잘것없지만 그것으로 예수님은 무엇을 하실 수 있다고 기꺼이 드렸을 아이의 믿음을 배울 수 있다. 우리가 드린 작은 것으로 예수님이 세상을 살리고 하나님 나라를 세우신다면 얼마나 기쁜 일인가? 우리의 상상을 뛰어넘는 하나님의 능력을 기대하며 헌신하는 훈련을 시도해야 한다.

자녀들이 세상을 복되게 하기를 원하시는 하나님께 기도한다.
"온 세상의 주인이신 하나님, 하나님이 주신 은사와 인생의 자원으로 세상 사람을 주님께로 인도할 수 있게 도와주소서. 일터에서 작은 희생과 헌신을 통해 세상을 살리는 연습을 하겠습니다. 하나님이 능히 세상을 아름답게 만드실 것을 믿으며 하나님 나라를 실현하는 일에 힘쓰도록 인도해주소서. 하나님 나라를 구하며 소망을 가지고 시도하는 작은 노력에 주님이 복주시기 원합니다."

08

하나님 나라

>>> 누가복음 12:25-34

'하물며' 믿음으로 실현하는
하나님 나라

〈오! 하나님〉(Oh! God)이라는 희곡은 오래전 작품인데 하나님이
사람을 창조하신 후 처음에 옷을 만들어주시지 않고 벗은 채 살게 하
신 이유를 상상한다. 만약 하나님이 사람에게 처음부터 옷을 만들어
주셨다면 사람들은 틀림없이 그 옷에 주머니를 만들어달라고 요구할
것이다. 그래서 주머니를 만들어주시면 그다음엔 뭘 요구했을까? 주
머니를 채워달라고 하지 않았을까? 그 주머니를 채워주시면 그때부
터 인간 세상의 모든 문제가 여기저기서 터질 것이기에 옷을 만들어
주지 않으셨다는 이야기다.

예수님이 오늘 우리 시대를 사는 사람의 마음속 생각도 이미 읽으
셨다. "또 너희 중에 누가 염려함으로 그 키를 한 자라도 더할 수 있
느냐. 그런즉 가장 작은 일도 하지 못하면서 어찌 다른 일들을 염려하
느냐. 백합화를 생각하여 보라. 실도 만들지 않고 짜지도 아니하느니
라. 그러나 내가 너희에게 말하노니 솔로몬의 모든 영광으로도 입은

것이 이 꽃 하나만큼 훌륭하지 못하였느니라. 오늘 있다가 내일 아궁이에 던져지는 들풀도 하나님이 이렇게 입히시거든 하물며 너희일까보냐. 믿음이 작은 자들아 너희는 무엇을 먹을까 무엇을 마실까 하여 구하지 말며 근심하지도 말라. 이 모든 것은 세상 백성들이 구하는 것이라. 너희 아버지께서는 이런 것이 너희에게 있어야 할 것을 아시느니라. 다만 너희는 그의 나라를 구하라. 그리하면 이런 것들을 너희에게 더하시리라. 적은 무리여 무서워 말라. 너희 아버지께서 그 나라를 너희에게 주시기를 기뻐하시느니라. 너희 소유를 팔아 구제하여 낡아지지 아니하는 배낭을 만들라. 곧 하늘에 둔 바 다함이 없는 보물이니 거기는 도둑도 가까이 하는 일이 없고 좀도 먹는 일이 없느니라. 너희 보물 있는 곳에는 너희 마음도 있으리라"(눅 12:25-34).

우리와 함께 일하는 동료들은 과연 어떤 관심사를 가지고 어떤 가치를 추구하며 살아가는가? 예수님의 가르침을 참고하면 세상 사람들은 뭘 먹을까, 어떤 좋은 옷을 입을까, 필요한 의식주에 집중하며 살아간다. 그래서 염려한다. 이것저것 걱정이 끊이지 않는다. 그런데 예수님은 절대적 가난을 겪는 사람이 오늘날보다 훨씬 많았던 시대에 이렇게 말씀하셨다. "너희 목숨을 위하여 무엇을 먹을까 몸을 위하여 무엇을 입을까 염려하지 말라"(22절). 예수님 시대보다 절대적 기준으로 비교가 불가능할 정도로 풍요롭게 살고 있는 우리는 예수님의 말씀을 조금 더 무거운 심정으로 받아들여야 한다.

예수님은 이런 염려의 원인을 지적하셨다. "적은 무리여 무서워 말라." 우리 그리스도인은 세상 속에서 다수가 아니어서 더 두렵게 느낀다. 염려의 원인인 두려움을 없앨 방법은 무엇일까? 목숨을 위해서나 몸을 위해서 염려하지 말라고 하신 예수님은 "목숨이 음식보다 중하고 몸이 의복보다 중하니라"(23절)고 말씀하셨다. 예수님은 까마귀와 백합화를 설교의 예화로 가져오셨다. 먼저 까마귀는 꽤 덩치가 큰 새인데 농사도 안 짓고 창고도 없지만 하나님이 돌봐주시기에 굶어 죽지 않고 번식하며 잘 살아간다. 또 백합화는 아네모네라고 불리는 꽃인데, 이 꽃은 길쌈이나 옷 만들기를 전혀 하지 않지만 솔로몬 왕의 찬란한 영광으로도 들에서 피는 이 꽃을 따라갈 수 없다고 하신다.

이 말씀을 하신 후 예수님이 '비교'로 교훈하신다. "너희는 새보다 얼마나 더 귀하냐"(24절). "하물며 너희일까 보냐. 믿음이 작은 자들아"(28절). '하물며'라는 부사는 앞의 내용보다 뒤의 내용을 더 강조한다. 새와 들꽃도 돌봐주시는데 '하물며' 너희를 돌봐주시지 않겠느냐고 강조하신다. 무서워 말라고 하면서 예수님이 '너희 아버지'(30, 32절)가 입혀주고 먹여주신다고 말씀하셨다. 우리는 온 세상을 창조하고 소유하신 하나님의 자녀이다. 이 사실을 확신하는 것이 '하물며' 믿음의 핵심이다.

예수님이 "'너희' 아버지"라고 복수를 사용하신 말씀에 주목하면 우리는 자연스럽게 생각할 것이 있다. '빈곤'의 반대말은 부유함이나 풍요함이 아니라 '공동체'라고 한다. 기아문제 해결을 위해 구호품이나 돈만 가져다준다고 빈곤문제가 해결되지 않는다고 한다. 한 신학자가 했다는 말을 라디오 방송에서 들었는데, '공동체'야말로 세상의 고질적 빈곤문제를 근본적으로 해결하는 희망이라고 했다. 이런 공동체가 바로 예수님이 말씀하신 하나님 나라이다.

우리는 인류의 염려와 두려움을 낳는 빈곤문제를 해결할 공동체를 만들어갈 수 있다. 그것을 위해 예수님이 말씀하신다. "적은 무리여 무서워 말라. 너희 아버지께서 그 나라를 너희에게 주시기를 기뻐하시느니라"(32절). 예수님은 하나님 나라인 그 나라를 세우는 방법을 설명하신다. 가진 것으로 구제하여 낡아지지 아니하는 배낭을 만들라고 하신다(33절). 그러면 하나님 나라를 실현할 수 있다.

들의 새와 꽃도 하나님이 친히 돌봐주시는데 하물며 자녀를 하나님이 포기하지 않으실 것이라고 굳게 믿어야 한다. 욕심과 두려움에 사로잡혀 움켜쥐지 말아야 한다. "흩어 구제하여도 더욱 부하게 되는 일이 있나니 과도히 아껴도 가난하게 될 뿐이니라"(잠 11:24). 이 땅에서 우리가 누릴 빈부의 문제는 우리 의도대로 되지 않을 가능성이 크다는 점을 기억하고 낡아지지 않는 배낭을 만들어야 한다.

하나님 나라를 우리에게 주시길 기뻐하시는 하나님께 기도한다.

"온 세상 모든 것의 주인이신 하나님, 하나님의 하나님 되심을 바로 알고 저의 욕심을 줄여가게 인도해주소서. 하나님 나라를 위한 근본적인 고민을 하면서 '우리 하나님'을 섬기는 제자 공동체를 통해 주님의 역사를 나타내주시기 원합니다. 우리가 가진 것으로 비교하며 염려하는 대신 하늘에 보물을 쌓으며 하나님 나라를 이 땅에서 실현하게 인도해주소서."

09

하나님 나라

내가 바로 하나님 나라 대표선수다

영화 〈마스터 앤드 커맨더: 위대한 정복자〉(Master and Commander: The Far Side of the World, 2003, 피터 위어 감독)는 나폴레옹이 유럽을 석권하고 있을 때 영국과 프랑스의 패권 다툼을 보여준다. 육지와는 다르게 바다에서는 영국 해군이 프랑스 해군에 밀리지 않았다. 프랑스의 빠르고 강한 군함 아케론 호를 영국 서프라이즈 호가 맞선다. 서프라이즈 호의 함장 잭 오브리는 승리를 위해 앞으로만 달려가다가 좌충우돌하며 진정한 리더십과 팀워크에 대해 배워나간다. 나뭇가지인 양 위장하는 자벌레를 보고 적을 무찌를 위장술의 지혜도 얻었다. 서프라이즈 호를 포경선으로 꾸며 아케론 호에 접근한 후 기습작전을 시도하려고 한다.

예수님이 세상 속에서 살아가는 우리 크리스천에게 말씀하셨다. "이것을 너희에게 이르는 것은 너희로 내 안에서 평안을 누리게 하려 함이라. 세상에서는 너희가 환난을 당하나 담대하라. 내가 세상을 이

기었노라. …아버지께서 나를 세상에 보내신 것같이 나도 그들을 세상에 보내었고 또 그들을 위하여 내가 나를 거룩하게 하오니 이는 그들도 진리로 거룩함을 얻게 하려 함이니이다"(요 16:33, 17:18-19).

서프라이즈 호의 오브리 함장은 이렇게 부하들을 독려했다. "우리 영국은 위기에 처했다. 이제 이 서프라이즈 호는 바로 우리 조국이다. 내가 바로 영국이다. 이제 적을 놀래주러 나가자. 이 배의 이름이 왜 서프라이즈인가?" 이 카리스마 넘치는 출정사를 보면 세상 속에서 하나님 나라 대표로 사는 크리스천 직업인의 각오를 생각할 수 있다. "하나님 나라에 어려움이 생겼다. 우리가 바로 하나님 나라다. 내가 무너지면 하나님 나라는 끝장이다. 사탄을 놀래주러 다 함께 우리의 일터와 세상으로 나가자!"

결국 프랑스 함대에 접근해 돛대를 겨냥해 포격하는 작전을 통해 오브리 함장은 승리한다. 영국군은 프랑스군의 대장선 아케론 호를 제압하고 나포했다. 그러나 그것이 끝은 아니었다. 아케론 호의 함장이 의사로 변장해 함상 반란을 모의하는 것을 오브리 함장이 알아챘다. 그래서 부하를 돕기 위해 오브리 함장이 뱃머리를 돌리는 것으로 영화는 끝난다. 이렇게 우리 인생의 위기는 끝이 없다.

세상을 향한 우리 사명은 예수님이 다시 오시기까지 계속된다. 이 영화의 영어 제목에 부제가 있다. '세상의 먼 쪽'(The far side of the world)이라는 표현은 꽤 의미 있다. 세상에서 우리가 한번 이기더라도 세상의 먼 쪽, 그 반대편 끝은 여전히 남아 있다. 당장 눈에 보이지 않는다고 세상의 먼 쪽을 외면하면 안 된다.

세상의 Master and Commander로서 성령을 보내시고 우리에게 소명을 주신 예수님이 세상의 저쪽 끝을 가리키신다. "세상 끝까지 나와 함께 나가자! 너희가 바로 하나님 나라의 대표다!" 예수님은 부활하신 후에 제자들을 만나러 오신 때에 샬롬을 선포하셨다. 그리고 말씀하신다. "아버지께서 나를 보내신 것같이 나도 너희를 보내노라." 그 말씀을 하시고 제자들을 향해 숨을 내쉬며 예수님이 말씀하셨다. "성령을 받으라." 예수님은 제자들을 성령 충만하게 하여 세상으로 보내셨다(요 20:21-22).

예수님이 제자들을 성령 충만하게 하신 것은 세상으로 보내시기 위함이었다. 예수님은 오늘 우리에게도 역시 담대하라고 격려하신다. 오늘 우리가 살아가는 세상에도 환난이 있고 고통이 심하지만 예수님이 세상을 이겼다는 사실을 명심하라고 우리에게 말씀하신다. 대제사장의 기도에서도 예수님은 우리를 파송하심을 분명하게 보여주신다. 하나님이 예수님을 세상에 보내신 것같이 예수님도 우리를 세상에 보내셨다. "아버지께서 나를 세상에 보내신 것같이 나도 그들을 세상에 보내었고 또 그들을 위하여 내가 나를 거룩하게 하오니 이는 그들도 진리로 거룩함을 얻게 하려 함이니이다"(요 17:18-19). 이제 우리가 사람들에게 진리를 선포하고 하나님의 거룩함을 세상과 일터에 보여주어야 한다.

우리는 세상을 두려워하여 주저앉아 있으면 안 된다. 물론 세상을 얕잡아 봐도 큰코다친다. 악한 세상이지만 하나님이 보내셔서 사명을 다하게 하시는 세상, 하나님이 창조하시고 복주신 세상에서 예수 그리스도의 주인 되심과 명령자 되심을 선포해야 한다. 우리 자신의 용기와 능력으로 세상과 맞설 수 있는 것이 아니다. 우리를 보내신 예수님의 용기와 믿음으로 무장하고 하나님 나라 대표선수라는 자각과 자부심을 가지고 담대할 수 있다.

우리가 하나님 나라의 대표선수이기를 바라시는 하나님께 기도한다.

"아들 하나님을 세상에 보내신 하나님, 예수님이 승천하여 하나님의 보좌 우편에 앉아 세상을 통치하고 계십니다. 세상의 먼 쪽, 저쪽 끝까지 예수님을 주님과 사령관으로 모시고 하나님 나라 대표선수로 일하며 살아가겠습니다. 세상과 맞서 싸워 이길 수 있는 믿음과 능력을 허락해주소서. 용기와 더불어 교활한 세상을 이길 지혜를 주시기 원합니다."

이같이 너희 빛이 사람 앞에 비치게 하여 그들로 너희 착한 행실을 보고
하늘에 계신 너희 아버지께 영광을 돌리게 하라. 마 5:16

일터에서
당신은
예수님의
제자인가

01
제자도

예수님을 따르는
제자도의 우선순위

예수님을 믿고 구원받은 우리는 세상에서 제자의 삶을 살아간다. 일하는 우리는 일터에서 예수님의 제자이다. 일하는 제자로 살아가는 우리 제자도의 중요한 원칙은 '우선순위'라고 예수님이 가르쳐주신다. "너희는 먼저 그의 나라와 그의 의를 구하라. 그리하면 이 모든 것을 너희에게 더하시리라"(마 6:33). 예수님은 '하나님 나라'와 우리에게 필요한 '모든 것'을 비교하신다. 유진 피터슨의 「메시지」 성경은 이렇게 번역했다. "너희는 하나님이 실체가 되시고, 하나님이 주도하시며, 하나님이 공급하시는 삶에 흠뻑 젖어 살아라. 뭔가 놓칠까 봐 걱정하지 마라. 너희 매일의 삶에 필요한 것은 모두 채워주실 것이다."

예수님이 사역 초기에 제자들을 선택하시며 많은 무리가 따르는 상황을 마태가 기록한다. "갈릴리 해변에 다니시다가 두 형제 곧 베드로라 하는 시몬과 그의 형제 안드레가 바다에 그물 던지는 것을 보시니 그들은 어부라. 말씀하시되 나를 따라오라 내가 너희를 사람을 낚는 어부가 되게 하리라 하시니 그들이 곧 그물을 버려두고 예수를 따르니라. 거기서 더 가시다가 다른 두 형제 곧 세베대의 아들 야고보와 그의 형제 요한이 그의 아버지 세베대와 함께 배에서 그물 깁는 것을 보시고 부르시니 그들이 곧 배와 아버지를 버려두고 예수를 따르니라. 예수께서 온 갈릴리에 두루 다니사 그들의 회당에서 가르치시며 천국 복음을 전파하시며 백성 중의 모든 병과 모든 약한 것을 고치시니 그의 소문이 온 수리아에 퍼진지라. 사람들이 모든 앓는 자 곧 각종 병에 걸려서 고통당하는 자, 귀신 들린 자, 간질하는 자, 중풍병자들을 데려오니 그들을 고치시더라. 갈릴리와 데가볼리와 예루살렘과 유대와 요단강 건너편에서 수많은 무리가 따르니라"(마 4:18~25).

그리 길지 않지만 이 말씀을 세 단락으로 나눌 수 있다. 18~20절, 21~22절, 23~25절이다. 각 단락은 '따르다'(헬라어, 아콜루데오)라는 단어를 한 차례씩 기록하고 있다(20, 22, 25절). 이 단어는 '따르다'(follow), '동행하다'(accompany)라는 뜻이고 '제자가 되다'(be a disciple)라는 제자도의 전문용어로도 쓰였다. 제자도의 특징을 설명해주는 이 단어를 중심으로 마태는 예수님을 따르는 제자의 삶이 어떤 것인지 메시지를 전한다.

우선 첫 단락은 갈릴리 호수에서 어부로 일하던 베드로와 그의 형제 안드레를 예수님이 부르시자 그들이 곧 따랐다고 기록한다. 베드로와 안드레는 당시 생계 수단이었던 그물마저 곧 버려두고 따랐다. 이것은 제자도의 중요한 우선순위에 대해 알려준다. 우리는 누가복음 5장과 요한복음 1장을 통해서 베드로와 안드레가 예수님의 제자가 되는 일련의 과정이 있었음을 이미 알고 있다. 마태는 그 과정을 축약하여 기록하면서 제자도의 중요한 특징을 알려준다. 바로 급한 결단, 즉 긴급한 우선순위를 보여준다. 예수님이 우리를 부르시면 우리는 신속히 응답해야 한다. 급한 부르심에 신속히 응답하는 사람이 바로 제자이다. "그들이 곧 그물을 버려두고 예수를 따르니라."

한편 예수님은 또 다른 형제 야고보와 요한도 부르셨다. 아버지와 함께 배에서 그물을 깁고 있는 형제를 보고 그들을 부르셨다. 이때 야고보와 요한도 예수님을 따랐다. 두 사람이 버린 것은 '배와 아버지'였다. 이것은 야고보와 요한이 상속도 포기하고 가족을 떠나 예수님을 따르며 '전임 제자'가 되기로 했다는 뜻이다. 그리스도의 제자로 살아가기 위해서는 이렇게 자신이 가진 모든 것을 포기해야 한다는 제자도의 우선순위를 마태는 강조한다. 마태는 축약이라는 복음서 기록의 특징을 살려 제자 선택과정을 기록했다. 야고보와 요한도 훌륭한 선택을 했다. 상속과 혈연관계도 포기하고 예수님의 전임제자가 되었다. "그들이 곧 배와 아버지를 버려두고 예수를 따르니라."

이어서 마태는 예수님을 따르기는 하는데 혹시 다른 목적이 있다면 그가 예수님의 참된 제자라고 할 수 있는지 질문한다. 예수님은 사역 초기에 갈릴리 지방으로 다니며 말씀을 전하시고 사람들의 질병을 고쳐주셨다. 그러자 갈릴리뿐만 아니라 거의 전국 각지에서 많은 무리가 예수님을 따랐다(23-25절). 어쩌면 그들은 예수님이 전하는 천국 복음에 대한 관심보다는 병 고침을 받기 위해서 예수님을 따랐을 가능성이 크다.

복음서에서 표현하고 있는 '무리'는 예수님을 따랐지만 필요에 따라 떠나기도 하는 사람들이었다. 우리의 필요가 얼마든지 예수님을 따르는 동기가 될 수 있다. 그런데 그 상태에 머물러 있으면 참된 제자가 되기 힘들다. 바로 뒤에 이어지는 산상수훈 말씀(마 5-7장)을 꼭 듣고 실천해야 예수님을 진정으로 따르는 참 제자가 될 수 있다고 마태는 강조한다.

우리는 "나는 과연 주님을 따르는 제자인가?" 수시로 질문하며 우리 삶의 우선순위를 점검해야 한다. 어떤 동기로 예수님을 알게 되었든 예수님의 제자로 살아가는 제자도의 우선순위를 실천하기 위해 노력해야 한다. 일터에서 일하고 살아가면서 말씀으로 훈련받아야 할 필요를 느낀다면 말씀을 읽고 묵상하고 공부하고 암송하는 말씀 생활에 집중해야 한다.

발 디디고 사는 삶의 터전에서 제자의 삶을 살아가기 원하시는 하나님께 기도한다. ⋯⋯⋯⋯⋯⋯⋯

"사랑하시는 하나님 아버지, 일터와 삶의 현장에서 온전히 주님을 따르며 주님의 제자로 살아갈 수 있게 믿음을 더하여주소서. 주님의 부르심에 신속히 응답해야 할 우선순위와 모든 것을 포기하고 주님을 따라야 하는 우선순위에 응답하는 제가 되기를 원합니다. 말씀으로 잘 훈련받아 주님의 제자로 일터에서 주님을 온전히 따르게 인도해주소서."

>>> 마태복음 8:18-27

02
제자도

이래도 당신은 여전히 예수님의 제자인가

예전에 한 교회의 청년부를 섬길 때 주일 예배 헌금시간에 헌금 봉투를 정리해서 강단으로 올려드리던 중 한 형제가 십일조 헌금 봉투에 적은 글이 눈에 들어왔다. "첫 월급을 하나님께 드립니다." 금액까지 적혀 있었다. 당시 일하던 사람도 일터에서 내몰리는 시기였는데, 쉽지 않은 취업을 하여 받은 첫 월급 전액이었다. 첫 월급으로 부모님께 감사를 표현하고, 친구들에게 한턱내고 싶지 않았겠는가? 자신을 위해 꼭 필요한 것을 사고 싶기도 했을 것이다. 그 형제의 마음과 헌신을 읽으며 그런 헌금을 드려보지 못했던 나도 제자로 사는 삶의 우선순위를 생각하고 다짐해보았다.

마태가 제자도의 특징에 대해서 독특한 기록을 남기며 우리를 제자훈련의 길로 안내한다. "예수께서 무리가 자기를 에워싸는 것을 보시고 건너편으로 가기를 명하시니라. 한 서기관이 나아와 예수께 아뢰되 선생님이여 어디로 가시든지 저는 따르리이다. 예수께서 이르시되 여우도 굴이 있고 공중의 새도 거처가 있으되 인자는 머리 둘 곳이 없다 하시더라. 제자 중에 또 한 사람이 이르되 주여 내가 먼저 가서 내 아버지를 장사하게 허락하옵소서. 예수께서 이르시되 죽은 자들이 그들의 죽은 자들을 장사하게 하고 너는 나를 따르라 하시니라. 배에 오르시매 제자들이 따랐더니 바다에 큰 놀이 일어나 배가 물결에 덮이게 되었으되 예수께서는 주무시는지라. 그 제자들이 나아와 깨우며 이르되 주여 구원하소서. 우리가 죽겠나이다. 예수께서 이르시되 어찌하여 무서워하느냐. 믿음이 작은 자들아 하시고 곧 일어나사 바람과 바다를 꾸짖으시니 아주 잔잔하게 되거늘 그 사람들이 놀랍게 여겨 이르되 이이가 어떠한 사람이기에 바람과 바다도 순종하는가 하더라"(마 8:18-27).

마태복음 4장에 이어 8장에서도 '따르다'라는 제자도의 전문용어를 담은 세 단락이 나온다. 18~20절, 21~22절, 23~27절이다. 역시 각 단락은 '따르다'(헬라어, 아콜루데오)라는 단어를 한 차례 씩 기록하면서 예수님의 제자도를 가르쳐주고 있다. 첫 단락에 보면 참기특하게도 한 서기관이 예수님에게 이렇게 말했다. "선생님이여 어디로 가시든지 저는 따르리이다." 이런 탁월한 믿음을 가진 서기관은 거의 없었다! 예수님은 쌍수를 들고 환영하셔야 할 듯한데 이렇게 말씀하셨다. "여우도 굴이 있고 공중의 새도 거처가 있으되 인자는 머리 둘 곳이 없다."

어디로 가시든지 따르겠다고 굳은 결심을 하고 요청했는데 예수님은 제자가 되려면 극단적으로 가난한 생활도 감수해야 한다고 말씀하신다. 평생 집 한 채 마련할 만한 여건이 전혀 되지 않는 상황이라도 주님을 따르는 제자의 삶을 결단할 수 있는지, 예수님이 우리에게도 질문하신다. 안정적인 경제생활을 마다하고 가난을 선택할 수 있는 삶은 고귀하다. 일하는 제자인 우리에게도 예수님이 이렇게 요구하신다.

아마도 경제적 안정은 이미 포기하고 예수님을 따르는 제자 중의 한 사람인 듯 이렇게 질문했다. "주여, 내가 먼저 가서 내 아버지를 장사하게 허락하옵소서." 이 부탁은 부친의 장례식을 치르고 오겠다는 '휴가' 요청이 아니었다. 연로하신 부친을 모시면서 가족에 대한 의무를 먼저 다한 후 예수님을 따르겠다는 '휴직' 요청이었다. 그러나 주님은 단호하셨다. 영적으로 죽은 자들이 육체적으로 죽은 자를 장사하게 하고 "너는 나를 따르라"고 말씀하셨다. 다른 사람이 부친을 돌보아드릴 수 있으니 우선순위를 분명히 하고 주님을 따르라고 강하게 권면하셨다. 가족을 제대로 돌보지 못하는 상황이 닥쳐도 주님을 따르는 제자도의 우선순위가 요구될 수 있다는 말씀이다. 우리도 이런 상황을 겪어야 할 때 잘 선택해야 제자의 책임을 다할 수 있다.

예수님이 건너편 가다라 지방으로 가기 위해 배에 오르셨다. 제자들은 예수님을 따라 배에 올랐다. 그런데 제자들은 예수님이 주도하신 항해에서 풍랑을 만나 죽을 고생을 했다. 그러나 온 우주를 창조하신 하나님의 아들, 자연을 제어하고 풍랑을 잠재우실 예수 그리스도께서 그 배에 타고 계셨다. 제자들은 생명이 위태로운 지경에 처할 때 예수님이 함께 계신다는 믿음으로 그 어려움을 극복해야만 했다.

마태는 제자도의 우선순위를 강조하는 문맥에서 우리에게 질문한다. 당신도 예수님의 제자로 살아가면서 생명의 위협까지 감수하고 있는가? 이것이 예수님의 제자가 가질 믿음이고 제자도의 우선순위다. 우리의 일터에서 우리는 이런 각오를 가지고 일하는 제자로 살아가고 있는가?

우리가 과연 일하는 제자인가? 마태를 통해 도전하는 말씀을 마음에 새겨야 한다. 가난해서 집 한 채 마련하지 못해도 당신은 제자인가? 가족을 제대로 돌보지 못해도 제자인가? 생명의 위협을 당해도 제자인가? 하나같이 너무 무겁고 힘든 우선순위이다. 우리의 부족한 믿음을 점검하며 중요한 기도제목으로 삼으며 제자의 삶을 살아낼 수 있도록 노력해야 한다.

헌신하는 제자를 기뻐하시는 하나님께 기도한다. ·············

"사랑하시는 하나님, 하나님의 뜻을 알고 제가 주님의 제자로 사는 삶을 통해 하나님을 기쁘시게 하도록 인도해주소서. 저는 참 연약하지만 가난도 가족도, 생명의 위협도 주님이 주시는 믿음으로 극복할 수 있음을 믿습니다. 양자택일의 상황에서 바른 선택을 할 수 있는 용기와 믿음을 허락해주소서. 그래서 일터에서 함께 일하는 동료들에게 예수님을 따르는 제자로 인정받으며 하나님을 기쁘시게 할 수 있기를 원합니다."

>>> 마태복음 20:1-7

오후에 부름받은 일꾼

03
제자도

　게을러서 잘 채워놓지도 못하고 다른 사람의 것을 잘 읽지도 못하는 편인데, 어느 날 스마트폰에 있는 한 분의 SNS 상태 메시지가 눈에 들어왔다. '오후에 부름받은 일꾼'이었다. 그렇게만 적혀 있었는데도 무슨 뜻인지 느낌이 분명히 왔다. 자연스럽게 머릿속에 예수님의 비유 말씀이 떠올랐다. 포도원 품꾼의 비유 중 다섯 시에 부름받아 한 시간밖에 일할 수 없었던 일꾼의 마음이 느껴져서 한참 쳐다보며 묵상했다.

　예수님은 천국을 설명하시기 위해 포도원 품꾼의 비유를 말씀하셨다. "천국은 마치 품꾼을 얻어 포도원에 들여보내려고 이른 아침에 나간 집 주인과 같으니 그가 하루 한 데나리온씩 품꾼들과 약속하여 포도원에 들여보내고 또 제삼시에 나가 보니 장터에 놀고 서 있는 사람들이 또 있는지라. 그들에게 이르되 너희도 포도원에 들어가라. 내가 너희에게 상당하게 주리라 하니 그들이 가고 제육시와 제구시에 또 나가 그와 같이 하고 제십일시에도 나가 보니 서 있는 사람들이 또 있는지라. 이르되 너희는 어찌하여 종일토록 놀고 여기 서 있느냐. 이르되 우리를 품꾼으로 쓰는 이가 없음이니이다. 이르되 너희도 포도원에 들어가라 하니라"(마 20:1-7).

예수님은 당시 사람들에게 익숙한 풍경인 포도 열매를 수확하는 포도원에 대해 말씀하셨다. 지중해성 기후에 속한 지역의 포도밭은 수확할 때 손이 많이 필요하다. 주인이 아침에 해 뜨자마자 나가서 공터 인력시장에 가봤더니 품꾼들이 있어서 하루 일당으로 한 데나리온을 약속하고 포도원에서 수확하는 일을 시켰다. 그런데 일손이 달렸다. 태양은 뜨겁고 제때 수확을 못 하면 나무에서 너무 익을 것 같아 오전 아홉 시에 나가서 품꾼을 더 데려와 일을 시켰다.

정오와 오후 세 시에도 가보니 사람들이 있어서 데려와 일을 시켰다. 해가 떨어지기 전 오후 다섯 시에도 일손이 부족해 혹시나 해서 갔더니 그 시간에도 품꾼들이 있었다. 포도원 주인은 그들을 데려와서 막바지 수확하는 일을 하게 했다. 이 사람들이 바로 '오후에 부름받은 사람들'이다. 당신은 언제 부름받았는가?

이 비유 속에 우리 인생을 향한 하나님의 위로와 사랑이 담겨 있다. 열두 시, 오후 세 시, 혹은 좀 더 지나 오후 다섯 시에 부름받아도 괜찮다. 해 질 녘에 부름받은 일꾼에게 필요한 것이 무엇일까? 그들이 어떻게 일했을까 상상해보면 이해가 좀더 쉽다. 다섯 시에 부름받은 일꾼은 열심히 일했을 듯하다. 왜 주인이 그 한 시간을 남겨 놓고 온종일 일이 없어 기다리던 사람들을 포도원으로 불렀을까? 급한 일손이 필요했기 때문이다. 물론 예수님 비유 속의 포도원 주인은 일꾼을 긍휼히 여겼다. 그런데 하루 중 마지막 한 시간을 남겨 놓고 들어온 사람에게도 결국 일을 시켰다는 점이 중요하다. 해 질 녘에 들어온 일꾼은 하루 종일 뙤약볕 아래서 일한 사람들보다는 힘이 더 남아 있었다. 그러니 더 열심히 손을 놀려 포도를 수확했을 테다. 이렇게 열심히 일해야만 하고 그렇게 힘써서 일했을 포도원 일꾼에게는 어떤 마음이 있었을까? 해 질 녘에 들어온 일꾼의 '상태 메시지'를 생각해보자.

해 질 녘에 부름받은 일꾼은 아마도 감사하는 마음으로 열심히 일했을 것이다. 이런 감사를 이름 붙이면 '그래도 감사!'이다. 온종일 일거리를 얻지 못했는데, 그래도 한 시간이라도 일하게 해준 주인에 대한 감사의 마음이다. 진정 감사를 느끼려면 우리는 말하는 표현을 좀 바꿔야 한다. '때문에'가 아니고 '덕분에'라고 말이다.

뭣 때문에 안 된다는 핑계에 앞서서 생각해야 할 것이 있다. 누구 덕분에? 자비로운 포도원 주인 덕분에! 무엇 덕분에? 오늘 내로 수확해야만 할 잘 익은 포도 덕분에! 이것이 '그래도 감사'이다. 힘들고 어렵지만 그래도 일하게 된 것을 감사하는 삶의 자세이다. 물론 궁극적 감사의 대상은 바로 하나님이시다. "여호와께 감사하라. 그는 선하시며 그의 인자하심이 영원함이로다"(시 118:1).

오후에 부름받은 사람의 일하고 싶어도 일하지 못했던 경험도 인생의 내공이 되고 사람들에게 유익한 도움이 될 수 있다. 잃어버린 듯한 하루를 의미 있게 하신 주님께 감사할 수 있다. 우리도 '그래도,

덕분에 감사'를 실천할 수 있다. 한 시간 일한 해 질 녘 일꾼에게도 한 데나리온을 주신 것은 하나님의 큰 은혜이다. 기쁨을 누리며 최선을 다하는 인생으로 보답하겠다고 오후에 부름받은 일꾼들은 최선을 다했을 것이다. 그들의 이런 바람직한 자세를 배운다.

하나님 나라의 남다른 기준으로 은혜를 베풀어주시는 하나님께 기도한다.

"저를 불러 구원해주시고 일하게 하시는 하나님, 참 감사합니다. 어떤 상황에서도 최선을 다하며 부르심에 응답하는 감사의 사람이 되게 도와주소서. 주님의 은혜로 하루하루의 삶을 살아갈 수 있으며 일할 수 있음을 분명히 깨닫고 그래도 감사하며 덕분에 최선을 다하는 삶을 살아가게 인도해주소서."

04

제자도

예수님의 라포르 관계전도

　'라포르'(rapport)는 '친밀한 관계, 접촉'이라는 사전적인 뜻을 가지고 있다. 심리학과 의학에서도 사용하는 일종의 '신뢰감'이라는 뜻이다. 의사와 환자 간에도 이 라포르가 있어야 한다. 예를 들어 어떤 신약 실험을 할 때 신약을 사실대로 알리고 투약한 환자들에게는 65% 정도 투약효과가 있었다. 그런데 신약이라고 하고는 설탕물을 대신 먹인 환자들 중에도 30%쯤 치료효과가 있다는 실험 결과가 이 라포르를 설명해준다. 하나님이 우리 몸에 부여하신 자연 치유력과 더불어 의사에 대한 신뢰, 즉 라포르가 이런 결과를 가져온 요인이다. 목사와 성도 간에도 이 라포르가 필요하고 일터의 리더와 팔로워, 그리고 일할 때 거래처나 고객들과의 관계에서도 이 라포르는 중요하다. 결국 일하는 사람에게는 라포르가 꼭 필요하다. 예수님께 이 신뢰감 있는 관계 형성의 방법을 배울 수 있다.

　예수님이 한 사마리아 여인과 만나 대화하신 이야기를 요한이 기록하고 있다. "거기 또 야곱의 우물이 있더라. 예수께서 길 가시다가 피곤하여 우물 곁에 그대로 앉으시니 때가 여섯 시쯤 되었더라. 사마리아 여자 한 사람이 물을 길으러 왔으매 예수께서 물을 좀 달라 하시니 이는 제자들이 먹을 것을 사러 그 동네에 들어갔음이러라. 사마리아 여자가 이르되 당신은 유대인으로서 어찌하여 사마리아 여자인 나에게 물을 달라 하나이까 하니 이는 유대인이 사마리아인과 상종하지 아니함이러라. …여자가 이르되 주여 그런 물을 내게 주사 목마르지도 않고 또 여기 물 길으러 오지도 않게 하옵소서. 이르시되 가서 네 남편을 불러오라. 여자가 대답하여 이르되 나는 남편이 없나이다. 예수께서 이르시되 네가 남편이 없다 하는 말이 옳도다. …여자가 물동이를 버려두고 동네로 들어가서 사람들에게 이르되 내가 행한 모든 일을 내게 말한 사람을 와서 보라. 이는 그리스도가 아니냐 하니 그들이 동네에서 나와 예수께로 오더라"(요 4:6-9,15-17,28-30).

예수님은 당시 유대인이 기피하던 땅 사마리아를 관통하여 지나면서 수가라는 동네의 우물가에 앉아계셨다. 거기서 한 여인이 물을 길으러 나왔을 때 그 여인과 라포르를 형성하셨다. 우선 예수님은 우물가에 앉아 있다가 물을 길으러 온 여인에게 마실 물을 좀 달라고 부탁하셨다. 그러나 사마리아 여인은 유대인 남자를 경계할 수밖에 없었다. 물그릇을 함께 사용하면 부정해지는 것을 알고 있었다. 그래서 두려웠다. 그러나 예수님은 여인의 두려움을 없애기 위해 노력하셨다. 심리적으로 배려하면서 여인에게 물을 좀 달라고 아예 부탁하는 방법을 사용하셨다. 먼저 호의를 베풀어 무엇을 해주려 하지 않고 두려워하는 여인에게 부탁을 하셨더니 오히려 여인과 대화가 계속되었다.

이때 예수님은 여인의 관심사를 따라서 이야기를 끌어가셨다. 통상적인 물 긷는 시간을 피해서 물 길으러 온 여인이 관심 가질 만한 '생수'에 대해 말씀하셨다. 그리고 야곱의 우물물을 마시면 다시 목마르지만 예수님이 주는 물을 마시면 영원히 목마르지 않게 '영생하도록 솟아나는 샘물'이 된다고 말씀하셨다.

그리고 예수님은 여인에게 남편을 불러오라고 하여 상호 간 깊은 신뢰의 단계로 갈 수 있도록 정곡을 찌르셨다. 여인의 인생에서 가장 큰 문제는 가정에서 참된 평안을 얻지 못했고, 그로 인해 동네에서도 사람으로 대접받지 못하고 사는 불행이었다. 여섯 번째 남편과 살고 있는, 감추고 싶은 비밀을 들켰지만 여인은 오히려 자신을 꿰뚫고 계신 예수님께 신뢰감을 느꼈다. "주여, 내가 보니 선지자로소이다."

그래서 결국 예수님이 의도하셨던 영적인 핵심으로 접근해 들어갈 수 있었다. 여인은 예수님이 누구인지 분명하게 깨달았다. "내가 행한 모든 일을 내게 말한 사람을 와서 보라. 이는 그리스도가 아니냐?" 예수님을 한 '유대인'으로 보았던 여인은 '선지자'로 이해하게 되었고, 결국 예수님이 '그리스도'이심을 확신했다. 그러자 물동이도 버려둔 채 동네에 들어가 사람들에게 알렸다.

이렇게 예수님은 처음 만난 사마리아의 한 여인과 짧은 시간 안에 라포르를 형성해서 목적을 달성하셨다. 관계 형성 그 자체가 목적이 아니라 결국 목적하시는 바가 있었다. 일터에서 함께 일하는 사람이나 고객과의 관계에서 이런 진정한 관심을 표현하는 신뢰감을 형

성할 때 우리는 사람들을 복음의 길로 인도하여 관계의 목표를 달성
할 수 있다.

　사람들에게 진지한 태도로 개방적이고 정직하게 대하는 일이 참
중요하다. 일관성 있는 태도도 보일 수 있어야 한다. 일하면서 사람
들을 대할 때 예수님이 보여주신 라포르 형성의 방법을 배우면 유익
하다. 그래서 신뢰감 있는 관계를 형성하여 일할 수 있고 또한 복음
도 전하며 크리스천 직업인의 사명을 다할 수 있다.

세상에서 어려움 겪고 소외되고 힘든 사람들에 관심 가지고
계신 하나님께 기도한다.

"사랑하시는 하나님, 일하고 살아가면서 사람들과 관계를 잘 형성하기 위
해 예수님께 배우겠습니다. 예수님처럼 한 사람에게 관심을 집중하며 예
수님의 방법대로 차근차근 신뢰감을 주며 바람직한 관계를 형성할 수 있
도록 인도해주소서. 그래서 그 사람이 주님과 만날 수 있도록 인도하며 복
음의 귀한 열매도 맺은 은혜를 베풀어주소서."

05
일터에서 예수님의
제자로 살기

제자도

16세기에 카르멜수도회의 수사(修士)였던 로렌스 형제가 이렇게 말한다.

"거기에서는 무슨 거창한 일을 해야 할 필요가 없습니다. 저는 하나님을 사랑하는 마음으로 프라이팬에서 오믈렛을 뒤집습니다. 그리고 이 요리를 마무리한 뒤에 다른 할 일이 없을 경우 땅바닥에 꿇어 엎드려 요리를 무사히 끝낼 수 있도록 은혜를 베풀어주신 하나님을 찬양하지요. 그런 다음에 다시 일어나 제자리로 돌아오면 이 세상의 어떤 왕도 부럽지 않습니다. 하나님을 사랑하는 마음으로 그저 땅바닥에서 지푸라기 하나 주워 올리는 것밖에는 다른 아무것도 할 수 없다고 할지라도 저는 만족할 수 있습니다"(로렌스 형제 지음, 「하나님의 임재 연습」, 브니엘, 195쪽).

예수님은 어떤 사람이 제자가 될 수 있는지 말씀하셨다. "그러므로 예수께서 자기를 믿은 유대인들에게 이르시되 너희가 내 말에 거

하면 참으로 내 제자가 되고 진리를 알지니 진리가 너희를 자유롭게
하리라"(요 8:31-32).

예수님은 새로 믿은 유대인들에게 '내 말에 거하고 진리를 알면'
참된 제자가 된다고 강조하셨다. 그러나 아직도 마귀의 수하에 있어
서 하나님을 아버지로 모시지 않은 불신자들은 이렇게 살 수 없다.
이것은 하나님을 믿는 우리만의 특권이다. 유대교 당국자들은 아무
리 많은 학식과 인생의 많은 호조건을 가지고 있어도 예수님의 제자
가 되는 특권을 누리지 못했다. 예수님의 말씀을 염두에 두면서 그
말씀대로 살려고 하는 것, 또한 그 진리를 알고 믿는 것은 바로 우리
제자들의 특징이고 특권이다.

그런데 우리 크리스천 직업인은 말씀 안에 거하고 진리를 아는
삶을 우리의 일터에서 드러내야 일하는 제자로 살아가는 것이다. 그
렇다고 우리 직업인이 하나님의 자녀로 하나님을 사랑하는 것을 표
현하기 위해 늘 특별한 행동을 해야 하는 것은 아니다. 우리가 평소
에 하는 일, 그것을 하나님의 일로 여기면서 사람에게 하듯 하지 않
고 주님께 하듯이 하면 된다(골 3:23).

로렌스 형제는 하나님의 자녀로서 하나님을 사랑하며 사는 방법
을 알았던 사람이다. 로렌스 수사는 오랫동안 수도원의 주방에서 일
했는데 주방의 모든 일을 주님의 일로 여겼다. 수련 수사로 생활하던
초기에 부엌에서 일하도록 배치받았는데 사실 로렌스 형제는 그 일
이 끔찍이 싫었다고 한다. 하지만 하나님을 사랑하는 마음으로 무슨
일이든 마다하지 않겠다고 결단한 뒤로는 자신에게 맡겨진 임무를

기쁘게 감당했다. 그래서 자그마치 15년 동안 부엌에서 온갖 허드렛일을 하면서도 커다란 기쁨을 누렸다.

나중에는 포도주를 사오라고 오베르뉴와 부르고뉴 지방으로 파견되기도 했는데 그 일은 로렌스에게 특히나 어려운 과제였다. 로렌스 형제는 장사에 소질이 없었고 한쪽 다리를 절룩거리는 바람에 포도주 통 위를 굴러다니는 방법밖에는 배 위에서 이동할 방법이 없었다. 그러나 로렌스 형제는 그 힘든 일도 하나님의 사업이라고 인정했다. 그래서 모든 힘든 일을 하나님께 넘겨드리자 자기 일을 완수할 힘과 지혜를 얻었다. 로렌스 형제는 사소한 일까지 다 좋아하는 체하지는 않았다. 힘든 것을 힘들다고 고백했다. 다만 하나님의 일이라고 여기며 적극적으로 뛰어들었을 뿐이다.

오늘도 우리는 일터에서 예수님의 제자임을 입증하며 일해야 한다. 그렇다고 종교적인 티를 낼 필요도 거룩한 체할 이유도 없다. 그래서는 안 된다. 일 처리 방법이나 동료를 대하는 자세, 전화를 받고 고객을 응대하는 태도에서 우리가 예수님의 제자임을 드러낼 수 있다. 진리로 인해 자유를 누리는 우리의 삶을 우리 동료들, 고객들이 보고 부러워하게 할 수 있어야 한다.

예수님의 말씀대로 살아갈 수 있어야 우리는 제자가 될 수 있다. 일터에서 제자의 삶을 살기 위해서는 주님의 말씀대로 일하고 살아가기 위해 노력해야 한다. 로렌스 수사처럼 해야 하는 일이 늘 마음에 들지 않을 수도 있다. 그런 때에도 그 일을 주님께 하듯이 하기 위해 노력하는 자세가 중요하다. 로렌스 수사가 하나님을 향한 사랑으로 하나님만을 주목하면서 자기 일을 바라보았던 것처럼 우리도 하나님의 관점으로 우리 일을 바라볼 수 있어야 한다.

진리이신 하나님을 일터에서도 깨닫고 알기를 원하시는 하나님께 기도한다.

"하나님 아버지, 하나님 말씀 안에 거하며 진리를 아는 예수 그리스도의 제자의 삶을 저의 일터에서 실천하기 원합니다. 작은 일부터 구체적으로 실행하기 위해 애쓰겠습니다. 일터에서도 예수님의 제자임을 늘 잊지 말게 하시고 말씀 안에 거하며 진리로 인해 자유를 누리는 삶을 살아가게 인도해주소서."

>>> 누가복음 9:37-43

산 위의 제자들,
산 아래의 제자들

06
제자도

예수님과 함께 배를 타고 가던 제자들이 풍랑을 만났을 때 두려워하다가 예수님에게 꾸중을 들었다. "너희 믿음이 어디 있느냐?"(눅 8:25). 예수님이 변화산에 올라가셨을 때 산 아래에 남아 있던 제자들이 한 귀신 들린 아이를 고치지 못했다. 그때 예수님은 더 화가 나셨다. "믿음이 없고 패역한 세대여 내가 얼마나 너희와 함께 있으며 너희에게 참으리요?"(눅 9:41). 믿음에 관해 말씀하시는 예수님의 꾸지람을 잘 살피면 우리 일하는 제자가 추구해야 할 믿음에 대해 배울 수 있다.

산 위에 있다가 예수님과 세 제자가 산 아래로 내려왔더니 그곳에서는 치열한 현실이 전개되고 있었다. "이튿날 산에서 내려오시니 큰 무리가 맞을새 무리 중의 한 사람이 소리 질러 이르되 선생님 청컨대 내 아들을 돌보아주옵소서. 이는 내 외아들이니이다. 귀신이 그를 잡아 갑자기 부르짖게 하고 경련을 일으켜 거품을 흘리게 하며 몸시 상하게 하고야 겨우 떠나 가나이다. 당신의 제자들에게 내쫓아주기를 구하였으나 그들이 능히 못하더이다. 예수께서 대답하여 이르시되 믿음이 없고 패역한 세대여 내가 얼마나 너희와 함께 있으며 너희에게 참으리요 네 아들을 이리로 데리고 오라 하시니 올 때에 귀신이 그를 거꾸러뜨리고 심한 경련을 일으키게 하는지라. 예수께서 더러운 귀신을 꾸짖으시고 아이를 낫게 하사 그 아버지에게 도로 주시니 사람들이 다 하나님의 위엄에 놀라니라"(눅 9:37-43).

예수님의 제자들은 예수님이 주신 능력으로 귀신을 쫓아내는 사역을 이미 경험했다(눅 9:1-6). 그런데 이번에는 귀신 들리고 간질을 앓는 아이를 고칠 수 없었다. 예수님이 아이 아버지의 하소연을 듣고는 말씀하셨다. "믿음이 없고 패역한 세대여 내가 얼마나 너희와 함께 있으며 너희에게 참으리요?" 예수님은 이 꾸중을 '세대'에게 하셨다. "믿음이 없고 패역한 세대(世代)여!" 꾸지람을 들은 대상이 누구일까? 제자들뿐만 아니라 거기 모인 무리도 포함된다. 또한 예수님의 능력을 의심한, 아픈 아이의 아버지도 포함된다. 이 꾸중을 피해갈 사람은 없다.

그런데 예수님이 이 세대를 꾸짖기만 하지는 않으셨다. 예수님은 귀신을 꾸짖어 나가게 하고 아이의 병을 낫게 하여 아버지에게 보내주셨다. 할렐루야! 귀신과 질병과 자연까지, 세상의 모든 존재를 꾸짖는 능력 많으신 예수님이시다. 바로 그분 예수님이 제자들도 꾸짖으신다. 무엇을 꾸짖으실까?

예수님이 변화산에 데려갔던 제자들은 셋이었다. 베드로와 요한과 야고보는 회당장 야이로의 딸을 살릴 때도 데려가셨다. 그들은 야이로의 집에서 예수님이 죽음을 극복하시는 장면을 지켜보았다. 변화산에서 예수님의 변모(變貌)하시는 휘황찬란한 장면을 보았다. 그런데 제자들은 그 찬란한 영광 속에 머물고 싶었다. 그것이 제자들의 착각이었다. 죽은 사람을 살리고 천국의 영광을 미리 경험한다고 모든 일이 끝나지 않는다. 꼭 필요한 전제가 있었는데 제자들이 몰랐다. 그것은 바로 예수 그리스도의 죽음이었다. 이것을 세 제자가 놓치고 있었다.

예수님은 십자가에서 죽임당할 일에 대해 말씀하신다(44-45절). 변화산에 오기 전에도 말씀하셨고(22절), 변화산 '3자 회동'의 대화 주제도 예수님의 '별세'(別世)였다(31절). 그러니 이제 제자들은 산 위가 아니라 산 아래로 내려가야 한다. 산의 경험은 꼭 필요하지만 산에서 내려오는 일은 더 긴급한 명령이다. 산기슭의 아우성을 외면하지 말아야 한다.

우리가 꾸중하시는 예수님의 말씀대로 정신 차리기 위해서는 결국 구원의 본질인 십자가가 필요하다. 그것을 제대로 깨닫기 위해 예수님의 말씀에 집중해야 한다. 믿음이 없고 패역한 세대라고 꾸중하면서 예수님은 "내가 얼마나 너희와 함께 있으며 너희에게 참으리요?"라고 말씀하신다. 예수님이 함께 있어 주시고 참아주시면 된다. 함께 있는 것이 바로 제자훈련이다(막 3:13-15). 제자들은 예수님과 함께 있으며 귀신 쫓아내는 일을 얼마 전에 했으면서도 또다시 하지 못했다. 이래서 제자훈련은 지속되어야 한다.

우리는 예수님과 더 오래 함께 있어야 한다. 함께 있으면서 먹고 자고 여행하고 말씀 듣고 기도한다. 또 야단 맞고 정신 차리기도 한다. 제자들이 "라떼는 말이야!"라면서 과거에 집착하는 '왕년병'의 치료를 위해 예수님은 강평회 시간에 제자들에게 특별 처방을 내리셨다. 누가복음은 강평회를 생략하지만 마태와 마가는 강평회를 기록한다. 예수님의 처방은 바로 기도(막 9:29)와 믿음(마 17:20)이었다. 기도는 하나님이 하신다는 믿음을 표현하는 행위이다. 산 아래의 비참한 상황을 보면 왜 기도가 필요한지 알 수 있다. 기도하며 하나님만 하실 수 있다고 고백할 수 있다. 왜 제자들은 기도하지 못했을까?

산 위와 산 아래에서 예수님은 믿음을 체크하신다. 산 위에 있건 아래에 있건 제자들은 하나같이 기도하지 않았다. 왕년에 해봤던 방법은 다 써보고 그들 나름대로 노력했겠지만 기도하지 않았던 잘못을 우리는 꼭 기억해야 한다. 이런 실수를 범하지 않고 우리 앞의 문제들을 하나님 손에 올려드리며 기도할 수 있어야 한다.

산 위와 산 아래 제자들의 안타까움이 기도하지 않았음에 있음을 기억하며 기도한다.

"능력의 주 하나님, '능력의 주님께서 해주십시오. 우리는 못합니다.' 이렇게 기도했다면 제자들은 믿음이 없고 패역한 세대라는 책망을 듣지 않았습니다. 신앙 연차와 왕년의 경험을 자랑할 것이 아니라 주님만 의지하는 믿음이 날로 성숙하도록 인도해주소서. 기도하는 믿음이 제자도를 실천하는 힘이라는 사실을 분명히 깨닫게 해주소서."

07
제자도

>>> 마태복음 13:16-23

말씀이 삶 속에서
결실하게 하는 세 가지 방법

　한국교회의 초기 선교 역사에는 전세계 다른 선교지의 교회에서는 찾아보기 힘든 특징이 있었다. 1885년 4월 5일, 한국교회 첫 선교사들인 언더우드와 아펜젤러 선교사가 제물포항에 도착했다. 그들은 일본에 간 이수정이 한문 성경에 한국말 토를 붙인 「현토 한한 신약전서」를 가지고 뿌듯한 마음으로 입국했다. 선교사가 선교지 사람이 읽을 수 있는 성경을 가지고 선교 현지에 파송받는 예는 거의 없었기 때문이다. 그런데 선교사들은 전국을 돌아다니면서 깜짝 놀랐다. 이미 신의주부터 목포, 부산에 이르기까지 한글판(로스역) 신약 '쪽복음'을 사람들이 읽고 있었기 때문이다.

　만주에서 존 로스 선교사가 이응찬 등과 함께 한글로 성경을 번역해 1882년에 누가복음서와 요한복음서를 3천 부씩 인쇄해 권서(勸書)를 통해 전국에 보급했다. 권서는 돌아다니며 책을 권해서 판매하는 사람이었다. 이렇게 공식 선교 이전부터 성경에 토대를 두고 신앙생활을 한 우리 믿음의 선배들은 소수였지만 구한말과 일제강점기,

건국 초기까지도 민족과 사회를 주도하는 사람들이었다. 그런데 오늘 우리가 하나님 말씀의 능력을 제대로 드러내지 못하는 이유는 무엇일까? 예수님의 씨 뿌리는 자의 비유 속에서 원인을 찾아볼 수 있다.

예수님은 하나님 나라에 대해 익숙한 농사를 비유로 들어 말씀하셨다. "그러나 너희 눈은 봄으로, 너희 귀는 들음으로 복이 있도다. 내가 진실로 너희에게 이르노니 많은 선지자와 의인이 너희가 보는 것들을 보고자 하여도 보지 못하였고 너희가 듣는 것들을 듣고자 하여도 듣지 못하였느니라. 그런즉 씨 뿌리는 비유를 들으라. 아무나 천국 말씀을 듣고 깨닫지 못할 때는 악한 자가 와서 그 마음에 뿌려진 것을 빼앗나니 이는 곧 길 가에 뿌려진 자요 돌밭에 뿌려졌다는 것은 말씀을 듣고 즉시 기쁨으로 받되 그 속에 뿌리가 없어 잠시 견디다가 말씀으로 말미암아 환난이나 박해가 일어날 때에는 곧 넘어지는 자요 가시떨기에 뿌려졌다는 것은 말씀을 들으나 세상의 염려와 재물의 유혹에 말씀이 막혀 결실하지 못하는 자요 좋은 땅에 뿌려졌다는 것은 말씀을 듣고 깨닫는 자니 결실하여 어떤 것은 백 배, 어떤 것은 육십 배, 어떤 것은 삼십 배가 되느니라 하시더라"(마 13:16-23).

첫째, 깨달음을 방해하는 요인을 물리쳐야 한다. "악한 자가 와서 그 마음에 뿌려진 것을 빼앗나니 이는 곧 길 가에 뿌려진 자요"(19절). 말씀이 결실을 맺지 못하는 첫 번째 사람은 밭 근처 길가에 뿌려진 씨앗과 같은 경우이다. 천국 말씀을 듣고 깨달아야 하는데 그러지 못하는 이유는 '악한 자' 때문이다. 여기서 악한 자는 구체적으로 '사탄'이다. "말씀을 들었을 때에 사탄이 즉시 와서 그들에게 뿌려진 말씀을 빼앗는 것"(막 4:15)이다. 말씀을 듣고 깊이 깨닫지도 못했는데 아예 말씀 자체를 빼앗겨버리는 상황이다. 하나님 나라의 말씀을 듣는 일이 이런 영적인 싸움이라는 사실을 깊이 인식해야 한다. 깨달음을 방해하는 사탄과 맞서 싸울 각오를 해야 한다. 우리가 일하는 사람으로 살면서 말씀을 깨닫지 못하게 방해하는 요소를 열거해보라. 격무, 나태함, 타성, 여가생활, 한눈팔 요소들, 불신앙 등 많지 않은가?

둘째, 말씀의 뿌리를 내려 환난을 견뎌야 한다. "돌밭에 뿌려졌다는 것은 말씀을 듣고 즉시 기쁨으로 받되 그 속에 뿌리가 없어 잠시 견디다가 말씀으로 말미암아 환난이나 박해가 일어날 때에는 곧 넘어지는 자요"(20-21절). 돌밭에 뿌려진 씨앗은 싹이 나지만 뿌리를 깊이 내리지 못한다. 어쩌면 인생을 겪으며 당연히 맞닥뜨리게 되는 환난이나 박해가 있을 때 견디지 못하고 넘어지는 사람이다. 인생에서 환난은 누구나 겪는다. 어려움을 견딜 수 있는 믿음이 필요하다. 믿음이 있어야 어려움을 이기고 말씀의 결실을 맺을 수 있다. 또한 어려움이 닥쳐오기 전까지 '뿌리를 깊이 내리는 노력'이 필요하다. 말씀을 읽고 듣고 배우고 묵상하고 암송하는 말씀 훈련을 해야 한다. 그래야 환난이나 박해와 같은 어려움이 올 때 충분히 감당할 수 있는 내공이 생긴다. 말씀의 뿌리를 내려야 삶 속에서 실천하고 환난도 이긴다.

셋째, 염려와 유혹을 극복해야 한다. "가시떨기에 뿌려졌다는 것은 말씀을 들으나 세상의 염려와 재물의 유혹에 말씀이 막혀 결실하지 못하는 자요"(22절). 가시떨기에 뿌려진 씨앗은 자라다가 세상 염려와 재물에 대한 욕심으로 인해 결실하지 못하는 사람을 비유한다.

이런 염려와 유혹을 극복해야 우리가 말씀을 깨닫고 우리 삶 속에서 수많은 말씀의 열매를 맺을 수 있다.

세상 염려와 재물의 유혹으로 어려움을 겪는다면 우리는 확인해 보아야 한다. 그 문제를 가지고 기도하고 있는데도 여전히 염려하고 유혹받는지 말이다. 바울은 염려와 기도는 서로 대비되는 종교적 행위라고 말한다(빌 4:6). 계속 염려하는 사람은 기도하지 않는 사람이다. 기도하는 사람은 염려하지 않게 된다.

무엇이 삶 속에서 말씀의 결실을 방해하는지 정확히 진단해야 한다. 깨달음을 방해하는 요인이 무엇인지 찾아보라. 말씀이 뿌리를 내리도록 학습하는 노력을 체계적으로 시도해야 한다. 염려와 재물에 대한 욕심으로 유혹에 빠지지 않도록 하나님 나라를 구하고 하나님과 친밀한 관계를 유지하며 염려하는 대신 기도하기를 실천해야 한다.

말씀을 우리 삶 속에서 실천하기 원하시는 하나님께 기도한다.

"사랑하시는 하나님 아버지, 예수님이 가르치신 씨를 뿌리는 자의 비유를 통해 말씀의 열매를 맺는 삶을 살도록 인도해주소서. 일하는 사람으로서 말씀의 깨달음을 방해하는 요인들을 잘 파악해 제거하고 말씀의 뿌리를 내리도록 배우고 익히겠습니다. 기도하며 염려와 유혹을 극복하게 도와주소서. 좋은 땅에 뿌려진 씨처럼 말씀을 듣고 깨달아 결실할 수 있도록 도와주소서."

>>> 누가복음 16:1-13

08

제자도

불의한 청지기에게
무엇을 배울까

예수님이 하신 비유 말씀 중에 누가복음 16장에 나오는 불의한 청지기의 비유는 꽤 난해하다. 다른 공관복음이나 요한복음에도 나오지 않는다. 특히 우리가 주목할 점은 예수님이 이 비유 말씀을 제자들에게 하셨다는 것이다. 대외 강의사역이 아니라 제자들에게 '내부 직원 교육용 특강'을 하셨다고 볼 수 있다. 오늘 일하는 제자인 우리에게도 특별하게 강의하시는 말씀으로 읽어도 큰 무리가 없다.

불의한 청지기에 대한 비유를 예수님이 말씀하셨다. "또한 제자들에게 이르시되 어떤 부자에게 청지기가 있는데 그가 주인의 소유를 낭비한다는 말이 그 주인에게 들린지라. 주인이 그를 불러 이르되 내가 네게 대하여 들은 이 말이 어찌 됨이냐. 네가 보던 일을 셈하라. 청지기 직무를 계속하지 못하리라 하니 청지기가 속으로 이르되 주인이 내 직분을 빼앗으니 내가 무엇을 할까. 땅을 파자니 힘이 없고 빌어 먹자니 부끄럽구나. 내가 할 일을 알았도다. 이렇게 하면 직분을 빼앗긴 후에 사람들이 나를 자기 집으로 영접하리라 하고 주인에게 빚진 자를 일일이 불러다가 먼저 온 자에게 이르되 네가 내 주인에게 얼마나 빚졌느냐. 말하되 기름 백 말이니이다. 이르되 여기 네 증서를 가지고 빨리 앉아 오십이라 쓰라 하고 또 다른 이에게 이르되 너는 얼마나 빚졌느냐. 이르되 밀 백 석이니이다. 이르되 여기 네 증서를 가지고 팔십이라 쓰라 하였는지라. 주인이 이 옳지 않은 청지기가 일을 지혜 있게 하였으므로 칭찬하였으니 이 세대의 아들들이 자기 시대에 있어서는 빛의 아들들보다 더 지혜로움이니라. 내가 너희에게 말하노니 불의의 재물로 친구를 사귀라. 그리하면 그 재물이 없어질 때에 그들이 너희를 영주할 처소로 영접하리라. 지극히 작은 것에 충성된 자는 큰 것에도 충성되고 지극히 작은 것에 불의한 자는 큰 것에도 불의하니라. 너희가 만일 불의한 재물에도 충성하지 아니하면 누가 참된 것으로 너희에게 맡기겠느냐. 너희가 만일 남의 것에 충성하지 아니하면 누가 너희의 것을 너희에게 주겠느냐. 집 하인이 두 주인을 섬길 수 없나니 혹 이를 미워하고 저를 사랑하거나 혹 이를 중히 여기고 저를 경히 여길 것임이니라. 너희는 하나님과 재물을 겸하여 섬길 수 없느니라"(눅 16:1-13).

한 부잣집의 청지기가 주인의 재산을 낭비했다. 청지기의 불의함을 안 주인은 그를 파면하려고 했다. 청지기는 탄식했다. "막노동하자니 힘이 없고 빌어먹자니 창피하구나!" 고민하던 청지기는 "일자리는 빼앗겨도 '거래처'는 잃지 말자"며 관계로 승부를 보았다. 주인의 채무자들을 불러 기름 100말을 빚졌는데 50말로 고쳐주고, 밀

100석을 빚졌는데 80석으로 감해주었다. 이 빚은 상상을 초월하는 엄청난 빚이다. 올리브유 한 말은 40ℓ 쯤 되니 100말이면 200ℓ 드럼통으로 스무 개이다. 한 해 생활비가 모자라서 빚진 것이 아니고 여러 해 쌓인 악성 채무이니 갚을 길이 막연했다. 밀 200가마니를 빚지고 있는 사람이 어떻게 갚겠는가? 이렇게 갚을 길이 막연한 빚을 청지기가 20%, 심지어 50%를 깎아주었다.

청지기가 '할인 행사'를 했더니 예상 못 한 일이 벌어졌다. 주인이 뜬금없는 소문을 듣고는 이 옳지 않은 청지기가 지혜롭게 일했다고 칭찬했다. 주인이 보니 이 불의한 청지기가 채무자들의 빚을 깎아주어 악성 채무 회수가 가능해졌다. 채무자들에게 빚을 갚을 의욕이 생겼다. 결국 주인의 평판이 올라갔다. 그러니 부자는 속앓이를 했다. 청지기의 할인 행사를 없었던 일로 하면 부자 주인의 평판만 안 좋아지고 청지기는 '홍길동'이 될 가능성이 커졌다. 그래서 "하아 참, 고놈의 지혜로운 도적놈!"이라며 혀를 찰 수밖에 없었다.

이렇게 이해할 때 어려운 9절도 해석이 되고 우리가 또 다른 차원 높은 적용을 할 수 있다. "불의의 재물로 친구를 사귀라. 그리하면 그 재물이 없어질 때에 그들이 너희를 영주할 처소로 영접하리라." 불의의 재물로 친구를 사귀라는 말씀은 세상 사람들이 물질적 목적을 위해서 지혜를 짜내듯이 제자들도 영적 목적을 위해 지혜를 발휘해야 한다는 뜻이다. 친구들의 구원을 위해 우리가 가지고 있는 모든 것을 활용해야 한다. 그러면 그 친구들이 천국에서 우리를 환영한다. "그들이 너희를 영주할 처소로 영접하리라."

본문에 나오는 청지기는 신앙 인격은 문제가 많은데 일은 잘하는 청지기였다. 그런데 혹시 우리는 신앙 인격은 괜찮은데 일은 잘 못하는가? 그러면 우리는 '미련한 청지기'이다. 그렇게 되지 않도록 예수님이 제자들에게 특강을 하셨다. 우리도 예수님의 강의를 통해 잘 배워야 한다. 무엇이 가장 바람직한가? 믿음을 가진 제자들이 세상의 지혜도 배워 일을 잘하면 금상첨화이다. 예수님이 우리에게도 '의로운 청지기'가 되기를 바라신다.

일하는 제자로서 세상의 지혜도 배워서 영적 책임을 다하라는 예수님의 교훈을 우리가 명심해야 한다. 우선순위는 분명히 있다. "집 하인이 두 주인을 섬길 수 없나니 혹 이를 미워하고 저를 사랑하거나 혹 이를 중히 여기고 저를 경히 여길 것임이니라. 너희는 하나님과 재물을 겸하여 섬길 수 없느니라"(13절). 결국 하나님 대신에 돈을 목적으로 삼으면 청지기의 역할을 다하지 못함을 꼭 기억해야 한다.

우리가 지혜로운 청지기가 되기를 바라시는 하나님께 기도한다.

"재물 얻는 능력을 주신 하나님(신 8:18), 우리에게도 돈이 중요합니다. 하지만 돈 벌 욕심만 부린다고 돈을 많이 벌지는 못합니다. 일을 잘 감당하고 즐겁고 의미 있게 해내면 돈도 따라올 것입니다. 이런 세상의 지혜를 배우고 불의한 청지기의 불의는 배우지 않게 인도해주소서. 세상의 지혜로 영적 책임을 다하는 하나님 나라의 일하는 제자가 되게 도와주소서."

09

제자도

>>> 누가복음 12:28-30

'보다 감사' 3단계 훈련법

감사는 훈련해야 한다. 의지와 노력을 더하여 배우고 계발해야 한다. 물론 그저 맹목적으로 감사하다고 주문을 외우면 세상이 하루 아침에 바뀐다는 뜻은 아니다. 감사를 잘하지 못하면 잘하는 사람에게 배우면 된다. 감사하는 방법을 잘 몰랐으면 좋은 방법을 찾아 배우면 된다. 배우지 않으려는 자세가 문제이다. 처음에는 여전히 잘 못할 수 있다. 그런데 잘하려는 노력도 하지 않는 태도가 더욱 문제다. 감사할 수 있는 훈련법으로 범사에 감사하기 위한 '보다 감사법'을 권한다. 비교하는 것이 핵심이다. 열등감을 유발하는 비교의식이 아니다. 예수님의 말씀에서 배울 수 있다.

들풀과 하나님의 자녀인 우리를 비교해보라고 예수님이 말씀하셨다. "오늘 있다가 내일 아궁이에 던져지는 들풀도 하나님이 이렇게 입히시거든 하물며 너희일까 보냐. 믿음이 작은 자들아 너희는 무엇을 먹을까 무엇을 마실까 하여 구하지 말며 근심하지도 말라. 이 모든 것은 세상 백성들이 구하는 것이라. 너희 아버지께서는 이런 것이 너희에게 있어야 할 것을 아시느니라"(눅 12:28-30).

첫 번째 '보다 감사' 훈련은 "없는 것보다 있는 것을 보라!"이다. '보다 감사법'의 '비교'는 비교의식보다 차원이 높다. 우리가 어려운 상황에 처해보면 쉽게 이해되는 감사법이다. 아파보면 건강이 얼마나 귀한 것인가 감사하게 된다. 소설 「로빈슨 크루소」에 보면 로빈슨이 한 외딴 섬에 표류한 지 4년 되는 해를 기념하는 내용이 나온다. 외로운 섬에서 혼자 지내면서 감사한 것이 무엇 있겠는가? 그런데 로빈슨 크루소는 감사한다. 이런 내용이다.

"난, 쓸데없는 돈 걱정이나 하면서 지내는 게 아니라 하나님의 섭리로 '광야의 식탁'을 늘 대하고 지내니 얼마나 감사한가? 또한 그때 만약 내가 타고 있던 배가 해안가로 밀려오지 않았다면 나는 얼마나 원시적인 생활을 했을 것인가? 혼자 살기 충분하도록 도구와 무기들, 또한 중요한 식량을 파선한 배를 통해 확보했으니 얼마나 감사한가?"(대니얼 디포 지음, 「로빈슨 크루소: 무인도에서 하나님을 찾은 이야기」, 생명의 말씀사, 107쪽). 로빈슨 크루소는 없는 아홉 가지를 보고 절망하지 않고 있는 하나를 보고 희망을 찾은, '보다 감사법'을 실천했다.

두 번째 '보다 감사' 훈련은 "앞날보다 옛날을 생각하라!"이다. 우리가 제대로 감사하기 위해서는 앞보다 뒤를 돌아보아야 한다. 옛날 생각을 해보자는 뜻이다. 과거는 잊어야 미래가 희망 있다는 말을 정치인들에게 자주 듣는다. 대개 입에 발린 말이고 '보다 감사법'은 그 반대이다. 앞날의 장밋빛 탄탄대로 타령만 하면서 현실에 대해서는 불평하는 사람이 비전 있는 사람은 아니다. 옛날에 힘들고 가난했어도, 그때는 아름다웠고 서로 아끼며 살았던 추억을 기억하면서 우리는 감사할 수 있다. 과거를 돌아보면 현재가 과거보다 여러 면에서 나아진 것을 확인해볼 수 있다. 모든 면이 그렇지는 않지만 나아진 면이 있다. 과거를 돌아보고 나아진 것에 대해 감사하면서 우리는 앞날에 대한 기대도 할 수 있다.

세 번째 '보다 감사' 훈련은 "위보다 아래를 보라!"이다. 위를 보는 대신 아래를 보라는 말은 어떤 비전이나 목표도 가지지 말라는 뜻이 아니다. 라이프 스타일에 있어서 이런 원칙을 지켜야 한다. 상류층의 라이프 스타일을 따라가려고 하면 끝이 없다. 열심히 노력해서 선망하던 그 수준에 이르면 더 위에 사는 사람이 있고 그들의 삶이 부러워진다. 이렇게 위를 보면 감사가 나오지 않는다. 그러니 아래를 보아야 한다. 어렵고 힘들게 사는 사람을 생각하며 살면 오늘 나의 환경에 감사할 수 있다. 이렇게 위를 보고 불평하는 대신 아래를 보고 감사하는 인생이 복되다.

전도서 기자가 교훈한다. 두 손 다 채우려고 하지 않고 한 손만 채우면 평안을 얻을 수 있다고 한다(전 4:6). 두 손 다 채우면 아무것도 할 수 없고 두려워 벌벌 떨 뿐이다. 한 손에만 채우면 남은 손으로 쓰고 돕고 하나님께 드릴 수 있다. 위보다 아래를 보는 '보다 감사법'이 아름답다. 차원 높은 '보다 감사법'을 통해서 우리의 감사하는 생활이 더욱 실제적이고 하나님이 기뻐하시는 방향으로 나아갈 수 있다.

비교의식에 빠져 불평하고 낙심하지 말고 거룩하고 아름다운 관점으로 비교해보는 '보다 감사'를 실천해보자. 없는 것보다 있는 것을 먼저 보는 훈련을 해야 한다. 앞날만 바라보고 허황된 꿈을 꾸기보다 과거를 돌아보고 감사할 수 있다. 위보다 아래를 보면서 욕심부리지 않고 감사와 자족의 삶을 살아갈 수 있다. '보다 감사법'을 실천하여 아름다운 감사의 사람이 되도록 노력해야 한다.

우리가 감사하며 일하는 제자가 되기 원하시는 하나님께 기도한다.

"우리의 모든 쓸 것을 풍성하게 채워주시는 하나님(빌 4:19), 하찮아 보이는 것도 돌보시는 하나님의 섭리를 생각하고 비교해보며 '보다 감사'를 실천할 수 있도록 인도해주소서. 부정적 생각과 말 대신 일터에서도 감사가 넘치도록 주님이 도와주소서. 불평과 불만이 많은 세상에서 역동적인 크리스천 직업인의 멋진 모습을 보여주며 살아가도록 도와주소서."

10
제자도

〉〉〉 마가복음 10:46-52

1일 차 신입 제자, 길에서 주님을 따르다

예수님이 여리고 성에 들르셨다가 그 성을 나가실 때의 일이다. 이제 십자가로 가시기 위해 마지막으로 예루살렘을 향해 여행하시는 길이었다. 사람들에게 구걸하던 시각장애인 바디매오가 소리쳤다. "다윗의 자손 예수여, 나를 불쌍히 여기소서." 예수님이 다윗의 자손인 줄, 이 사람이 율법을 깊이 연구해서 깨달았을 리는 없고 아마도 풍문을 귀동냥으로 주워들었을 것이다. 그래도 그는 소리쳤다. 예수님은 다윗 왕의 후손으로 오신 그리스도로서 새로운 이스라엘을 건설하시고 천국을 실현하실 하나님의 아들이었다. 그런 뜻을 담고 있는 말을 외쳤다. "다윗의 자손 예수여!" 바디매오가 외친 말이 또 있었다. "나를 불쌍히 여기소서."

공관복음이 모두 기록하고 있는 바디매오의 이야기를 마가복음에서 살펴보자. "그들이 여리고에 이르렀더니 예수께서 제자들과 허다한 무리와 함께 여리고에서 나가실 때에 디매오의 아들인 맹인 거

지 바디매오가 길 가에 앉았다가 나사렛 예수시란 말을 듣고 소리 질러 이르되 다윗의 자손 예수여 나를 불쌍히 여기소서 하거늘 많은 사람이 꾸짖어 잠잠하라 하되 그가 더욱 크게 소리 질러 이르되 다윗의 자손이여 나를 불쌍히 여기소서 하는지라. 예수께서 머물러 서서 그를 부르라 하시니 그들이 그 맹인을 부르며 이르되 안심하고 일어나라. 그가 너를 부르신다 하매 맹인이 겉옷을 내버리고 뛰어 일어나 예수께 나아오거늘 예수께서 말씀하여 이르시되 네게 무엇을 하여주기를 원하느냐. 맹인이 이르되 선생님이여 보기를 원하나이다. 예수께서 이르시되 가라. 네 믿음이 너를 구원하였느니라 하시니 그가 곧 보게 되어 예수를 길에서 따르니라"(막 10:46-52).

"다윗의 자손 예수여!" 이렇게 소리치는 바디매오를 사람들이 제지했다. 입을 막았을까? 아니면 한 대 쥐어박았을까? 욕을 퍼붓고 걷어찼을지도 모르겠다. 유대교 당국자들은 이미 예수님을 그리스도라고 하면 출교하기로 결의했다(요 9:22). 그렇게 소리치면 위험해서 제지했을 수도 있다. 그러나 바디매오는 포기하지 않았다. 강력하게 제지당했으나 다시 소리 질렀다. "다윗의 자손이여, 나를 불쌍히 여기소서." 이번에는 예수님의 이름을 빼서 사람들의 걱정과 제지를 살짝 반영한 것 같은데, 목소리는 더욱 크게 소리쳤다. 바디매오의 의도가 적중했다. 예수님이 멈추어 서서 그를 부르라고 하시고 물으셨다. "네게 무엇을 하여주기를 원하느냐?" 예수님은 그가 왜 그렇게 소리를 질렀는지 모르실 리 없지만 질문하셨다. 자신의 인생 관심사가 무엇인가 생각해보게 하신다.

예수님의 질문에 대한 바디매오의 대답은 솔직하고도 근본적이었다. 그가 원하는 것이 무엇이었는가? 하루 생활비를 좀 보태달라는 것이었나? 구걸을 잘하게 자리를 좀 확보해달라는 청탁이었나? 바디매오는 자신의 근본적 문제가 무엇인지 알았다. 그가 구걸할 수밖에 없는 것은 앞을 볼 수 없기 때문이었다. 눈만 뜰 수 있다면 자신의 인생을 스스로 개척해갈 수 있었다. 그래서 바디매오는 돈을 구걸하지 않고 자신의 눈을 뜨는 것을 구했다. "선생님이여, 보기를 원하나이다."

예수님이 말씀하신다. "가라. 네 믿음이 너를 구원하였느니라." 예수님이 시각장애인 바디매오에게 구원을 선포하셨다. 바디매오와 대화하시며 그의 믿음을 보시고 결국 예수님은 그가 원하던 바를 들어주셨다. "가라." 바디매오는 눈을 떴다. 그의 시력은 완전히 회복되었다. 놀라운 하나님의 능력이 바디매오에게 나타났다. 또한 바디매오는 다윗의 자손 예수님을 하나님의 아들로 믿어 구원의 은혜를 받았다. "네 믿음이 너를 구원하였느니라."

바디매오가 예수님을 만난 기록의 끝은 매우 인상적이다. 바디매오가 자신을 구원해주신 예수님을 길에서 따랐다. 이제 예수님은 여리고를 지나 예루살렘으로 올라가신다. 십자가에 달려 인류의 죄를 대신 지고 죽임당하신다. 바디매오는 마지막 길을 가시는 예수님을 길에서 따랐다. 바디매오는 아마도 예수님이 살아계실 때 마지막으로 제자가 된 사람이었다. 자신의 인생 최대의 고민이 무엇인지 알고 그것을 주님께 간구한 바디매오는 참된 제자의 삶을 우리에게 보여준다.

오늘 우리 시대도 앞이 보이지 않고 어려움이 많다. 하지만 문제를 능히 해결할 분 예수님을 의지하며 간구할 수 있다. 우리의 갈등과 풀리지 않는 문제를 소리쳐 외치면 된다. 주님께 모든 것을 맡기는 방법을 바디매오에게 배워야 한다. "환난 날에 나를 부르라. 내가 너를 건지리니 네가 나를 영화롭게 하리로다"(시 50:15). 응답받은 바디매오는 길에서 예수님을 따르면서 그의 인생길에서 천성길로 들어섰다.

예수님께 인생을 걸고 외쳤던 바디매오처럼 기도한다.

"하나님 아버지, 예수님을 바로 알고 저의 문제가 무엇인지 분명하게 깨달아 저도 소리쳐 외칩니다. 주님의 능력을 확신하며 제 인생의 가장 중요한 문제와 고민을 해결해주시기를 기도합니다. 길에서 주님을 따랐던 바디매오처럼 저도 주님을 따르는 제자의 삶을 살겠습니다. 1일 차 제자 바디매오처럼 주님을 따르게 인도해주소서."

>>> 마태복음 5:13-16

복음을 전하라. 언제나!
필요하면 말을 사용하라

11
제자도

　일터를 21세기 전도의 황금어장이라고 말하곤 한다. 하지만 일터는 전도하기가 그리 쉬운 곳이 아니다. 늘 혁신을 외치지만 상당히 보수적인 사회가 바로 일터이다. 또한 실적과 성과주의를 신봉하는 사회이다. 특히 우리 크리스천으로서 감당하기 힘든 독특한 일터문화가 있다. 고질적인 회식문화나 관행의 이름으로 비리를 묵인하고 조장하는 직업윤리의 일탈도 있다. 이런 비즈니스 세계에서 우리는 어떻게 전도자의 사명을 다할 수 있을까? '전도의 황금어장, 일터'를 어떻게 실현할 수 있을지 예수님께 배워보자.

　산상수훈에서 예수님이 우리 직업인의 전도에 대한 말씀을 해주셨다. "너희는 세상의 소금이니 소금이 만일 그 맛을 잃으면 무엇으로 짜게 하리요 후에는 아무 쓸데없어 다만 밖에 버려져 사람에게 밟힐 뿐이니라. 너희는 세상의 빛이라. 산 위에 있는 동네가 숨겨지지 못할 것이요 사람이 등불을 켜서 말 아래에 두지 아니하고 등경 위에 두나니 이러므로 집 안 모든 사람에게 비치느니라. 이같이 너희 빛이 사람 앞에 비치게 하여 그들로 너희 착한 행실을 보고 하늘에 계신 너희 아버지께 영광을 돌리게 하라"(마 5:13-16).

　오늘 우리 시대는 사람을 만나서 신앙에 대한 이야기를 꺼내기가 쉽지 않다. 코로나 팬데믹 상황의 물리적 어려움 때문만은 아니다. 오늘 우리 시대에 교회를 향한 비난으로 크리스천이 손가락질을 당하게 되었다. 우리 잘못도 있고 오해도 있지만 우리가 감당하고 극복해야 한다. 이런 시대에도 우리는 전도해야 하는데 오히려 시대 상황이 전도의 본질로 돌아가게 만든다.

　예수님 말씀대로 세상의 소금으로 맛을 내고 세상의 빛으로 사람들을 비추는 역할을 해야 한다. 그간 익숙했던 행사성 전도나 드러내놓고 일방적으로 하는 전도가 힘들어졌다. 소금과 빛의 역할을 제대로 하는 일이 우리에게 중요하다. 예수님이 말씀하신 것처럼 '착한 행실'을 통해 세상의 빛과 소금으로 드러나야만 한다.

　특히 일터에서 착한 행실을 드러내기 위해서는 업무를 통해 인정받아야 한다. 탁월함을 인정받으면 좋지만 그렇지 못하다면 적어도 성실함은 분명히 드러나야 한다. 일터는 이익을 추구하기에 그 목적에 부합하지 않으면 직장인으로서 자기 정체성을 유지하기가 쉽지 않다. 우리가 일터에서 일을 잘해야 하는 이유가 여기에 있다. 또한 일하면서 우리는 신실함을 드러내야 한다. 직장에서 일할 때 윤리적인 결단을 해야 할 순간은 크리스천임을 드러내기 좋은 때이다. 때로 순교적 결단도 필요하고, 점진적이거나 현실적 결단을 하면서 하나님을 섬기는 사람의 모습을 동료에게 알려야 한다. 그래서 세상에서 크리스천은 무슨 일을 하든지 주께 하듯 하면서 일터의 예배를 드리고 있음을 사람들에게 입증할 수 있다.

일터에서는 크리스천으로서 분명한 정체성을 드러내면서 일도 잘하고 좋은 관계도 유지하고 신실함을 드러낼 때 전도자로 설 수 있다. 세상에서 살아가는 전도자의 삶이 중요함을 가르친 아시시의 성 프랜시스의 말을 우리가 유념해야 한다. "복음을 전하세요. 언제나! 필요하면 말을 사용하세요."

성 프랜시스는 입을 열어 복음을 전하는 전도를 무시하지 않았다. 평소에 삶을 통해 크리스천다움을 보이는 것이 더 중요하다고 강조했다. 프랜시스가 전도하러 나가 거리와 시장을 다니기만 하기에 제자가 왜 말을 전혀 하지 않느냐고 질문했다. 프랜시스는 믿는 사람들은 걸어 다니기만 해도 전도가 되어야 한다고 대답했다. 이런 전도야말로 관계전도이고 생활전도이다. 일상전도이다. 일터에서 우리 동료들은 그들의 눈으로 볼 때 뭔가 매력이 있고 괜찮아 보이는 사람에게 관심을 가진다. 그 사람이 기독교 신앙을 가지고 있으면 부러워한다.

그러면 스스로 기독교 신앙에 대해서 물어 온다. 궁금하기 때문이다. 이렇게 되면 효과적인 전도를 할 수 있다. 오늘 우리 시대에 이렇게 일터에서 전도해야 한다. 물론 기회가 주어질 때 복음의 핵심을 전해서 결정적으로 그 사람이 예수님과 맞닥뜨리게 하는 일 또한 꼭 해야 한다.

일터의 동료들을 마음에 두고 위해서 기도하며 좋은 관계를 맺기 위해 노력해야 한다. 너무 서두르지 않고 자연스러운 관계 속에서 친해지고 우리 삶을 보여줄 수 있다. 그렇게 사람들에게 감화를 주어서 복음을 접하고 신앙생활의 기쁨을 누릴 수 있도록 애쓰면 결국 우리는 삶 속에서 소금과 빛이 되는 착한 행실을 보여줄 수 있다. 그러면 결국 그가 하나님께 영광을 돌리는 것이고, 그 기쁨은 우리도 누릴 수 있다.

우리가 세상에서 하나님의 사람으로 살아가기 원하시는 하나님께 기도한다.

"세상을 사랑하시는 하나님, 일터에서 저의 인격과 삶을 통해 전도자의 삶을 살겠습니다. 성실하게 일하고 성과도 탁월하도록 노력하겠습니다. 힘과 지혜를 주소서. 일터의 동료들이 저를 보고 뭔가 다르고 멋진 모습이 궁금해 부러워하며 질문하게 인도해주소서. 일터에서 삶으로 전도하여 하나님이 영광받으시기 원합니다."

그러므로 무엇이든지 남에게 대접을 받고자 하는 대로
너희도 남을 대접하라. 이것이 율법이요 선지자니라. 마 7:12

함께
일하라
사랑하라

01

이 사람에게 어떤 일이
일어날 것인가

교회에 다니지 않는 사람들도 익히 잘 알고 있는 성경 이야기가
있다. 대표적으로 구약에서는 '다윗과 골리앗' 이야기이고, 신약에서
는 '선한 사마리아인' 이야기이다. 예수님이 하셨던 선한 사마리아
인 비유 속에 등장하는 사마리아인은 어떤 사람이었을까? 이 사마리
아인은 예루살렘으로 출장을 가는 사업가였을 듯하다. 당시 사마리
아인들은 차별받던 상황이었다. 일과 관련된 필수적 상황이 아니라
면 사마리아인이 예루살렘에 갈 일이 그리 많지 않았을 것이다.

일하는 우리에게 더욱 친근하게 느껴지는 선한 사마리아인 비유
를 예수님이 말씀하셨다. "예수께서 대답하여 이르시되 어떤 사람이
예루살렘에서 여리고로 내려가다가 강도를 만나매 강도들이 그 옷을
벗기고 때려 거의 죽은 것을 버리고 갔더라. 마침 한 제사장이 그 길
로 내려가다가 그를 보고 피하여 지나가고 또 이와 같이 한 레위인도
그곳에 이르러 그를 보고 피하여 지나가되 어떤 사마리아 사람은 여

행하는 중 거기 이르러 그를 보고 불쌍히 여겨 가까이 가서 기름과 포도주를 그 상처에 붓고 싸매고 자기 짐승에 태워 주막으로 데리고 가서 돌보아주니라. 그 이튿날 그가 주막 주인에게 데나리온 둘을 내어주며 이르되 이 사람을 돌보아주라. 비용이 더 들면 내가 돌아올 때에 갚으리라 하였으니 네 생각에는 이 세 사람 중에 누가 강도 만난 자의 이웃이 되겠느냐. 이르되 자비를 베푼 자니이다. 예수께서 이르시되 가서 너도 이와 같이 하라 하시니라"(눅 10:30-37).

사마리아인은 자기 뜻이 분명하게 있었다. 쉽지 않은 예루살렘 여행을 결정했고 그 목적을 달성해야 했다. 비즈니스맨이었다면 이번 여행에서 이익을 얻어야만 했다. 일을 제대로 하기 위해서라면 사마리아인은 강도 만난 자를 지나쳐야 했다. 예루살렘에 도착하지도 못했고 죽어가는 사람과 연루되면 계획했던 일도 제대로 할 수 없을 테니 말이다. 그런데도 이 사람은 강도 만난 사람을 돕느라 일정이 어긋났고 자기의 시간을 들이고 돈을 썼다. 적잖은 돈을 지불하고 더 들면 또 내겠다고 하니 이렇게 희생한 이유가 무엇이었을까?

비유 말씀 속에서 예수님은 명쾌하게 답을 주신다. 사마리아인은 그 강도 만난 사람을 불쌍하게 여겼다(33절). 불쌍하게 여겼기에 그런 호의를 베풀 수 있었다. 사마리아인은 공감했다. '사랑 공감'이라고 표현할 수 있을까? '감정 공감'이다. '긍휼 공감'이다. 사마리아인이 강도 만난 사람을 불쌍하게 여긴 이 일에 대해서는 마틴 루터 킹 목사가 가슴이 시원하게 잘 정리했다.

제사장과 레위인은 강도 만난 사람을 지나쳐 버렸는데 두 사람은 이렇게 생각했기 때문이다. '내가 이 사람을 돕는다면 내게 무슨 일이 일어날까?' 그러니 감히 죽어가는 그 사람을 만질 엄두가 나지 않았다. 이 종교인들은 예루살렘에서 종교적 임무를 마치고 숙소가 있는 여리고로 가는 사람들이었다. 만약 이 강도 만난 사람을 돌보는 중에 자기 손에서 죽으면 부정해진다. 시체를 만지면 정결례를 치러야 하기에 성전에서 제사에 관한 자신의 임무를 다할 수가 없다.

반면 사마리아인은 이렇게 생각했다. '내가 이 사람을 돕지 않는다면 이 사람에게 어떤 일이 일어날 것인가?'(다니엘 골먼, 「포커스: 당신의 잠재된 탁월함을 깨우는 열쇠」, 리더스북, 155쪽). '내가 이 사람을 돕지 않으면 이 사람이 틀림없이 죽는다. 돌봐주면 살아날 텐데 지나치면 죽는다.' 그러니 얼마나 불쌍한가? 지금 사람이 죽어간다. 하나님이 창조하시고 계획하여 세상에 보내신 사람의 생명은 하나같이 다 귀하다. 그 사람의 생명이 꺼져 가는데 불쌍하지 않은가?

그런데 불쌍히 여길 줄 아는 사람은 불쌍히 여김을 받아본 사람이다. 사랑할 수 있는 사람은 사랑을 받아본 사람인 것과 같다. "우리를 구원하시되 우리의 행한 바 의로운 행위로 말미암지 아니하고 오직 그의 긍휼하심을 따라 중생의 씻음과 성령의 새롭게 하심으로 하셨나니"(딛 3:5). 하나님이 긍휼히 여겨주셔서 우리는 구원받았다. 구원의 은혜를 받은 우리는 사람들을 긍휼히 여길 수 있다. 또한 예수님이 사람들을 불쌍히 여기신 모습을 우리도 배울 수 있다. 목자 없는 양 같은 무리를 불쌍히 여기셨다(막 6:34, 8:2).

시각장애인(마 20:30-31,34), 나병환자(막 1:41), 아들 잃은 과부(눅 7:13), 여동생들을 남겨 놓고 죽은 나사로(요 11:32)를 예수님은 불쌍히 여기셨다. 허기져 불쌍한 사람을 먹이시고 병들고 장애를 가진 사람을 고쳐주시고 죽은 사람을 살려주셨다. 그 주님이 우리에게도 사마리아인 비유를 통해 사람들을 불쌍히 여기라고 말씀하신다. 사도 바울은 "긍휼을 베푸는 자는 즐거움으로"(롬 12:8) 하라고 권면한다. 우리도 사람들을 불쌍히 여기는 일을 기꺼이 해야 하지 않을까?

'내가 이 사람을 돕지 않으면 이 사람이 죽는다. 내가 돌봐주어야 이 사람이 살 수 있다'고 생각해야 한다. 사마리아인처럼 사람을 불쌍히 여길 수 있어야 한다. 일보다 중요한 사람의 가치를 유념해야 한다. 주님께 불쌍히 여김을 받은 우리가 사람들을 불쌍히 여길 수 있다. 우리는 일하면서 동료와 고객을 선한 사마리아인의 자세로 섬길 수 있어야 한다.

사람들을 불쌍히 여겨 구원의 은혜를 베풀어주신 하나님께 기도한다.

"저를 긍휼히 여겨주신 하나님, '사람이 선을 행할 줄 알고도 행하지 아니하면 죄'(약 3:17)라는 말씀을 기억하고 사람을 긍휼히 여길 수 있도록 인도해주소서. 나 중심으로 생각하지 않고 상대방 중심으로 생각하여 그들을 긍휼히 여길 수 있도록 제 마음을 주장하소서. 그래서 하나님이 사랑하시는 귀한 생명을 살려낼 수 있게 도와주소서."

>>> 마가복음 2:1-5

함께 일하라!
사랑과 믿음으로!

인간관계

우리가 일하는 사람이라서 잘 알고 있지만 일에서 성과를 얻기는 그리 쉽지 않다. 일하는 동기도 분명하고 추진력도 있어야 하며 특히 우리 일은 팀워크로 해야 잘할 수 있다. 예수님이 병자를 고쳐주신다는 소식을 들은 사람들이 중풍을 앓는 이웃을 예수님께 데려갔다. 이 일을 '함께 일하는 사람들의 미덕'이라는 관점으로 생각해볼 수 있다. 예수님이 한 병자를 불쌍히 여기셔서 죄를 용서하고 치유해주신 사건에서 우리는 일을 멋지게 해내는 몇 가지 요인을 발견할 수 있다.

예수님이 말씀을 전하시는 집에 사람이 많이 모여 있었다. "수 일 후에 예수께서 다시 가버나움에 들어가시니 집에 계시다는 소문이 들린지라. 많은 사람이 모여서 문 앞까지도 들어설 자리가 없게 되었는데 예수께서 그들에게 도를 말씀하시더니 사람들이 한 중풍병자를 네 사람에게 메워 가지고 예수께로 올새 무리들 때문에 예수께 데려

148 | 일터에서 만난 예수님

갈 수 없으므로 그 계신 곳의 지붕을 뜯어 구멍을 내고 중풍병자가 누운 상을 달아 내리니 예수께서 그들의 믿음을 보시고 중풍병자에게 이르시되 작은 자야 네 죄 사함을 받았느니라 하시니"(막 2:1-5).

예수님 앞에 갔던 중풍병자는 꽤 젊은 사람이었던 듯하다. 예수님이 그를 가리켜 "작은 자야!"(Son!)라고 부르셨다(5절). 젊은 나이에 중한 병에 걸려 꼼짝하지 못하는 그 모습이 주변 사람들은 안타까웠다. 한동네에 살던 이웃 사람들은 이 중풍병자를 사랑하는 마음이 있었다. 사랑하는 마음이 없었다면 그런 힘든 일을 할 수 없었다. 젊은이가 질병이라는 인생의 장벽으로 인해 앞으로 나가지 못하는 모습이 불쌍했다. 그래서 그를 예수님께 데리고 왔다.

우리가 일할 때도 이런 사랑을 기본적으로 가져야 한다. 함께 일하는 사람에 대한 사랑이 필요하다. 또한 우리가 일을 통해 섬기는 사람을 향한 사랑을 가져야 한다. 사람을 사랑하는 자세가 기본적인 일터 소명이다. 사람을 사랑하니 일에 대한 열정도 생긴다. 사람을 사랑하고 그들을 제대로 응대해야 하기에 열심히 노력할 수 있다.

런던대학에서 했던 한 연구를 보면 런던 시내를 운행하는 택시 운전사들이 일반인보다 두뇌가 더 크고 운전 경력이 길수록 뇌의 크기가 컸다. 무려 2만 4천 개의 거리로 구성된 런던 시내를 운행하는 택시 운전사 16명의 뇌를 MRI를 이용해 스캔하는 방법으로 연구했다. 런던에서 택시 운전면허증을 받기 위해 런던 시내의 복잡한 길거리를 익히는 데 2년의 훈련을 받는다. 그런 길 찾기 능력을 유지하기 위해서 기사들은 평소에도 거리 지형을 숙지한다. 그런 택시 기사들의 두뇌가 일반인보다 평균 2~3% 크다는 사실이 뇌 연구자들에게 충격을 주었다. 두뇌가 3% 크다는 것은 신경 세포 수로 환산하면 20%가 많다(공병호, 「명품 인생을 만드는 10년 법칙」, 21세기북스, 87-88쪽).

이것이 바로 일에 대한 열정 아니겠는가? 고객을 정확하게 목적지에 데려다주어야 하니 일에 대한 열정이 생기고, 뇌의 용적이 늘어날 정도로 열심히 공부하게 한다. 이런 사랑과 열정이 우리에게도 필요하다.

또한 중풍병자를 예수님께 데려온 사람들은 예수님이 그 환자를 고치신다는 믿음을 가지고 있었다. 네 사람이 환자의 침상을 들어 옮기는 일은 쉬운 일이 아니었다. 더구나 문 앞이 막혀 지붕으로 올라가서 거기 구멍을 뚫고 그 침상을 내리는 일도 결코 쉽지 않았다. 그렇게 고생하여 데려갔는데 못 고친다고 하면 어떻게 해야 하는가? 그러나 네 사람은 어떻게 하든지 예수님 앞에 가기만 하면 틀림없이 그를 고쳐주신다고 믿었다. 그런 믿음이 있었으니 힘든 모험을 시도했다. 우리가 사람 사랑과 일에 대한 열정을 가지는 것이 중요하지만 거기에 더하여 예수님을 믿는 믿음을 가져야 우리 일이 제대로 된다. 사람의 인생에서 가장 중요한 결정은 바로 믿음이다. 어떤 믿음을 가지고 있는가? 거기에서 우리가 일하는 태도가 결정된다. 우리가 하는 일에 예수님이 틀림없이 함께하신다고 믿는 믿음이 우리에게 꼭 필요하다.

우리 일터에서 하는 일에 대해 사랑과 열정을 가져야 한다. 하나님이 맡겨주신 일은 결국 사람을 섬기는 일이다. 우리가 만든 제품과 서비스를 사용하는 사람을 사랑하는 열정으로 일해야 한다. 그리고 우리가 하는 일을 통해 예수님이 능히 역사하시리라 믿는 믿음을 가지고 우리 일에 매진해야 한다. 일터에서 일하는 데 필요한 미덕에 '사랑'과 '믿음'은 잘 어울리지 않는다고 보통 생각하는데 우리가 바른 판단을 할 수 있어야 한다. 사랑과 믿음만큼 일터에서 꼭 필요한 덕목도 찾기 힘들다.

우리가 함께 일하기를 원하시는 하나님께 기도한다.

"사랑하시는 하나님, 연약하고 어려움 겪는 이웃을 사랑하는 열정과 예수님의 능력을 확신하는 믿음을 가지고 주님께 나아갔던 사람들에게 배우기를 원합니다. 사람 사랑하는 마음을 저에게도 허락해주소서. 함께 일할 때 사랑과 믿음을 가지고 일하여 일의 성과와 열매를 거둘 수 있도록 인도해주소서."

03
인간관계

>>> 마가복음 2:3-5,11-12

함께 일하라! 팀워크와
아이디어, 용기로!

기러기의 팀워크를 아는가? V자 대형을 이루고 날아가는 기러기들이 날개 칠 때 바로 뒤에 따라오는 기러기를 상승시키는 힘이 발생한다. V자 대형으로 날아가는 기러기 무리는 각자 날 때보다 적어도 71% 비행 효과를 높일 수 있다고 한다. 선두 기러기가 피곤해지면 그 기러기는 무리 뒤로 가고 다른 기러기가 그 자리로 날아가 교대해 준다. 뒤에 있는 기러기들은 앞쪽에 있는 기러기들에게 속도를 유지하고 힘을 내라고 소리를 낸다.

함께 일하는 사람들이 일을 멋지게 해내는 미덕을 다시 한번 살펴본다. "사람들이 한 중풍병자를 네 사람에게 메워 가지고 예수께로 올새 무리들 때문에 예수께 데려갈 수 없으므로 그 계신 곳의 지붕을 뜯어 구멍을 내고 중풍병자가 누운 상을 달아 내리니 예수께서 그들의 믿음을 보시고 중풍병자에게 이르시되 작은 자야 네 죄 사함을 받았느니라 하시니… 내가 네게 이르노니 일어나 네 상을 가지고 집으로 가라 하시니 그가 일어나 곧 상을 가지고 모든 사람 앞에서 나가거늘 그들이 다 놀라 하나님께 영광을 돌리며 이르되 우리가 이런 일을 도무지 보지 못하였다 하더라"(막 2:3-5, 11-12).

중풍병자의 침상을 메고 온 사람은 네 명이었는데, 아마도 동네의 더 많은 이웃이 중풍병자를 예수님께 데려가는 일을 함께했을 듯하다. 그들은 독불장군이 아니었고 일을 나누어 효과적으로 하는 방법을 알고 있었다. 동네 사람들은 건장하고 힘이 있어서 환자의 침상을 예수님 계신 곳까지 옮겨갈 수 있는 사람을 선발해서 호흡을 잘 맞춰 환자를 안전히 데려가게 했을 것이다. 네 사람이 가다가 지치면 교대할 예비인력이 따라붙었을지도 모른다. 여하튼 동네 사람들은 그 중풍병자를 고치기 위해서 팀워크를 제대로 보여주었다.

우리가 일할 때도 이런 팀워크가 중요하다. 나만 혼자 일하고 다른 사람은 놀고 있다고 생각하면 정말 속상하다! 나 혼자만 잘하면 된다는 이기적 태도도 바람직하지 않다. 일터에서 사람들과 함께 일하다 보면 다른 성격, 다른 생각, 유별난 행동 때문에 힘들 수 있다. 그런데 '다름'은 아픔만일까? 좀 다르게 생각하면 다름은 시너지를 유발하는 요인이 된다. '다름'은 '틀림'이 아니다. 다 똑같으면 그야말로 불행이다. 달라야 곱셈의 효과를 발휘한다. 이것저것 이종교배를 통해서 새로운 것을 창조해낼 수 있는 여지가 다름에 있다. 다름을 용납하고 잘 활용할 수 있다. 사랑하는 마음을 품고 팀워크를 발휘하겠다는 의무감으로 동료를 바라보면 다른 것의 가치가 눈에 띈다.

막상 예수님이 계신 집에 도착했으나 예수님 앞으로 중풍병자를 데려갈 수가 없었다. 출입구가 사람들로 막힌 것을 안 네 사람은 건물 지붕으로 올라갔다. 그리고 그곳에서 지붕을 뜯어서 환자의 침상을 내린다는 기상천외한 아이디어를 냈다. 이런 신선한 아이디어가 막힌 일의 돌파구를 열어주었다. 이것이 엉뚱한 괴짜들의 역발상만은 아니었다. 출입문에서 사람들의 양해를 왜 구하지 않았겠는가? 그러나 저마다 아프고 힘들고 어려운 사람들이다. 그 젊은 중풍병자에게 자기 순서를 양보하고 길을 터줄 사람이 없었고 네 사람은 막다른 골목에 몰렸다. 그러자 그들은 아이디어를 냈다.

그런데 창의성은 젊은 사람들, 학생들, 20대 청년들만 발휘할 수 있는 것으로 생각하는가? 사람들은 사춘기를 지나 늦어도 청년기에 이르면 뇌의 구조와 기능이 고정된다고 믿어왔다. 그런데 실제로 우리 두뇌는 살아 있는 한 적응하고 발전을 거듭한다. 나이가 들어도 머리를 쓰면 창의력을 발휘할 수 있다. 아이디어의 원천은 지식이다. 지식이 있어야 보통 사람이 생각하기 힘든 얽히고설킨 조합을 만들어낸다. 신선한 아이디어를 내기 위해 우리도 다양한 지식과 정보를 얻고 그 일에 대해 깊이 생각하면서 노력해야 한다.

아이디어가 있다고 해서 남의 집 지붕을 뜯어내기는 쉽지 않다. 그런데 네 사람은 용기 있게 나서서 옥상으로 올라갔다. 그리고 갈대를 엮어 진흙으로 채워 만든 지붕을 파서 걷어냈다. 집 안에서 어떤 일을 겪었을지 상상하는 그대로였다. 흙덩이와 먼지를 뒤집어쓴 사람들에게 네 사람은 사과하며 용서를 구했다. 그리고 나중에 모임이 끝난 후 어떤 방법을 통해서든 그 집의 지붕을 수리해주었을 것이다.

그들은 예의에 어긋나는 일을 했지만 용기를 가지고 중풍병자를 예수님 앞으로 데려갔다. 이런 용기가 오늘 우리에게 필요하다. 용기 있게 나서야 일을 제대로 마칠 수 있다. 사랑과 믿음이 있고 팀워크와 아이디어가 있어도 실천하지 못하면 열매를 맺지 못한다. 실행이야말로 우리가 하는 일의 아름다운 결말을 가져다준다.

사랑, 믿음, 팀워크, 아이디어, 용기. 이 다섯 가지는 우리가 일을 추진하는 데 있어서나 인생을 살아가는 데 있어서 중요한 미덕이고 원칙이 된다. 성공의 법칙이라고도 말할 수 있다. "내가 네게 이르노니 일어나 네 상을 가지고 집으로 가라"(11절)고 하시는 예수님의 말씀을 듣고 누웠던 상을 가지고 집으로 간 사람의 기쁨과 아름다움의 결말을 우리도 누릴 수 있다.

성부 성자 성령 삼위일체이신 하나님께 기도한다.

"한 사람의 죄를 사하시고 질병을 치유하시는 하나님, 하나님을 믿으며 함께 일하는 동료들과 멋지게 일해서 하나님의 칭찬을 듣고 사람에게도 인정받고 싶습니다. 사랑과 믿음으로 동기 유발하고 팀워크와 창의성, 그리고 용기 있게 일을 실행하는 미덕으로 무장하여 멋지게 일할 수 있게 도와주소서. 혼자서 할 수 있는 것은 그리 많지 않습니다. 합력하여 선을 이룰 수 있게 인도해주소서."

04
인간관계
리더십 : 팔로워를
향한 사랑

마이크로소프트사의 2인자였던 스티브 발머는 토론 같은 방법으로 일하지 않는 리더였다. 독선적이고 핵심을 정확히 짚어내 지시했고, 그런 리더십으로 큰 회사를 경영했다. 존 우드는 그 회사에서 일하다가 나와서 세계 오지에 도서관을 마련하도록 돕는 일을 했다. 그는 자신의 책 「히말라야 도서관」(세종서적, 182쪽)에서 리더였던 스티브 발머를 회고한다. 많은 것을 요구하는 리더를 따라 정말 열심히 일할 수밖에 없었고 그 열정을 배웠다. 그런데 스티브 발머는 팔로워인 우드의 아마추어 마라톤 기록(보스턴 마라톤에서 3시간 4분!)을 정확히 알고 있었다. 존 우드는 전혀 예상하지 못한 세심한 관심으로 팔로워를 배려하는 리더의 관심과 사랑을 자신도 배웠다고 술회하고 있다.

이스라엘 중에서도 이만한 믿음은 만나보지 못했다고 예수님이 칭찬하신 로마군 백부장에게 일터 속 인간관계를 배울 수 있다. "예수께서 모든 말씀을 백성에게 들려주시기를 마치신 후에 가버나움으로 들어가시니라. 어떤 백부장의 사랑하는 종이 병들어 죽게 되었더니 예수의 소문을 듣고 유대인의 장로 몇 사람을 예수께 보내어 오셔서 그 종을 구해주시기를 청한지라. …예수께서 들으시고 그를 놀랍게 여겨 돌이키사 따르는 무리에게 이르시되 내가 너희에게 이르노니 이스라엘 중에서도 이만한 믿음은 만나보지 못하였노라 하시더라. 보내었던 사람들이 집으로 돌아가 보매 종이 이미 나아 있었더라"(눅 7:1-3,9-10).

아랫사람을 향한 백부장의 리더십을 한마디로 말하면 '사랑'이다. 예수님이 말씀을 전하신 후 가버나움으로 들어가셨을 때 한 백부장이 보낸 유대인 장로 몇 사람이 예수님을 찾았다. 백부장의 한 종이 중병에 걸려 사경을 헤매고 있었다. 그런데 그 종을 백부장이 사랑했다고 한다. 당시 유대 땅을 지배하던 거대 제국 로마의 백부장이 자신의 부하인 백 명의 로마 군인도 아니고 한 종을 사랑했다 하니 실감이 잘 나지 않는다. 백부장은 집안의 종을 사랑했는데 그가 병이 드는 어려움을 당했을 때 구체적으로 도와주려고 노력했다는 사실도 우리가 주목해야 한다. 팔로워를 향한 사랑은 이렇게 구체적인 행동으로 드러나야 한다. 마음만 있으면 안 된다. 실제로 표현해야 참다운 사랑이다.

백부장은 유대인 장로 한 사람도 아니고 몇 사람에게 부탁해서 예수님께 보내 그 종을 고쳐주시기를 요청했다. 나중에 자신의 집에 예수님이 오시지 않고 고쳐달라고 부탁할 때 다시 한번 유대인의 장로들을 보낸다(6절). '벗들'이라고 표현하니 친한 사이였겠지만 백부장이 두 번이나 귀찮은 일을 시켰다. 따지고 보면 그 마을의 유지인 장로들뿐만 아니라 당시 유명인사요 만나기도 쉽지 않은 예수님마저 동원하고 있다! 백부장이 병든 종을 향해 보여준 사랑이 얼마나 큰 것인지 우리가 가늠해볼 수 있다.

영리적 목적을 실현해야 하니 성과가 중요한 일터에서 어떻게 사랑을 실천할 수 있을까? 일하는 현장에서 실천할 수 있는 미덕 중 사랑은 잘 어울리지 않아 보인다. 실패가 있으면 그에 대한 책임을 져야 하기에 일터에는 냉정한 현실이 있다. 그래도 리더라면 팔로워들을 기다려줄 수 있어야 하는데 리더로서 책임을 져주는 것과 통한다. 팔로워의 잘못에 대해 리더도 냉정하게 자신을 반성해야 한다. 만약 팔로워의 부주의와 실수가 원인이라면 사고의 원인을 분석해서 틀린 점을 지적해주고 최선을 다하도록 격려해야 한다.

더불어 그 일의 결과에 대해서는 철저히 책임지게 조치하고, 그러면서 리더인 자신이 든든한 후원자임을 알려주어야 한다. 일이 잘 못되었을 때 리더가 팔로워에게 화를 폭발시키면 안 된다. 특히 사람들이 있는 곳에서 야단치는 일은 반드시 피해야 한다. 인격적으로 존중하는 태도로 차분하게 타이르면 팔로워는 알아듣고 책임을 절감하고 감정적 응어리를 갖지 않게 된다.

일터에서 리더와 팔로워의 관계는 어미 닭과 병아리와 같은 사이가 되면 어떨까 생각해본다. 솔개가 먹이를 찾기 위해 공중을 선회하면 어미 닭이 깃털 속으로 새끼를 숨겨 보호한다. 위급하다고 신호를 보내서 그렇게 안전하게 모은다. 큰 나무가 설 수 있는 그늘이 넓듯이 팔로워에게 안전과 휴식을 제공해주는 리더의 사랑을 우리도 일터에서 실천하기 위해 노력해야 한다.

리더가 팔로워를 사랑하기 원하시는 하나님께 기도한다.

"우리를 사랑하여 아들을 보내신 하나님 아버지, 저도 일터에서 리더의 사랑을 통해 성장했습니다. 백부장이 어려움 겪는 종을 사랑해서 자기가 할 수 있는 최선을 다한 모습을 보면서 사랑의 리더십을 실천할 수 있기 원합니다. 팔로워를 향한 사랑의 실천으로 우리 일터가 더 아름답고 복되도록 주님이 인도해주소서."

>>> 누가복음 7:4-5,9-10

05
인간관계

헬퍼십 : 동료를 향한 헌신

직장 안에서 동료들과 우정을 가지면 좋은 점이 많다. 광범위한 설문조사를 통한 통계 수치로 톰 래스가 쓴 「프렌드십: 내 인생에 부족한 2%」(해냄, 2007)라는 책에서 이야기한다. 일터에 절친한 친구가 있으면 어떤 장점이 있을까? 우선 고객에게 더 충실해진다. 직장생활이 즐거우니 그것이 고객을 향해 나타난다. 짧은 시간에 더 많은 일을 하는 효율성도 증가한다. 친구와 함께 이야기를 나누면 자신이 회사 내의 소식에 밝다고 느끼고, 자기 의견이 가치가 있다고 생각하다 보니 아이디어를 내고 혁신을 도모하는 일이 가능해진다. 또한 일터의 우정은 사표를 막는 '접착제' 역할도 한다. 일이 힘들거나 직장을 떠날 생각이 들어도 마음 터놓는 친구로 인해 이직을 미루거나 포기하는 사람이 꽤 많다.

예수님이 칭찬하신 백부장의 동료관계를 확인해보자. "이에 그들이 예수께 나아와 간절히 구하여 이르되 이 일을 하시는 것이 이 사람에게는 합당하니이다. 그가 우리 민족을 사랑하고 또한 우리를 위하여 회당을 지었나이다 하니… 예수께서 들으시고 그를 놀랍게 여겨 돌이키사 따르는 무리에게 이르시되 내가 너희에게 이르노니 이스라엘 중에서도 이만한 믿음은 만나보지 못하였노라 하시더라. 보내었던 사람들이 집으로 돌아가 보매 종이 이미 나아 있었더라"(눅 7:4-5,9-10).

　　백부장에게서 발견할 수 있는 두 번째 인간관계는 동료들과 가졌던 일종의 헬퍼십(helpership)이었다. 보통 동료 간의 우정은 주고받기(give and take)로 나타난다는 점을 전제해야 한다. 모든 인간관계가 그렇지만 일방적인 친구관계는 흔하지 않다. 일터 현장의 동료관계도 마찬가지다. 백부장은 자신의 딱한 사정을 함께 나누고 도움을 청할 동료들이 있었다. 그들은 유대인 장로들이었다. 장로들은 아무리 점령군 지휘관이라지만 이방인이었던 백부장의 쉽지 않은 부탁을 잘 들어주었다. 막 30세에 불과한 예수님에게 나이 지긋한 사람들이, 아마도 무릎을 꿇기라도 한 듯 간절히 부탁했다. 쉽게 상상할 수 있는 정경이 아니다.

　　치열한 비즈니스 현장인 일터에 이런 친구가 있다면 얼마나 좋겠는가? 어려운 부탁을 받고도 체면 생각하지 않고 기꺼이 들어주는 이런 친구가 있다면 정말 행복하다. 그런데 일터에 이런 좋은 친구가 있으면 좋겠다고 생각하는 사람이 한 가지 미처 생각하지 못하는 점이 있다. 이런 친구관계를 위해서는 내가 먼저 주어야 하는 비밀을 잘 모른다. 백부장이 이렇게 유대인 장로 친구들을 얻을 수 있었던 이유를 장로들이 말한다. "그가 우리 민족을 사랑하고 또한 우리를 위하여 회당을 지어 주었나이다"(5절).

점령지 식민지 주민들을 점령군 장교가 사랑했다는 것도 상상이 안 되는데 유대인들이 종교적 모임을 하고 삶의 중심지로 사용했던 회당을 지어주다니 어찌 된 일인가? 이것은 대단한 헌신이다. 이 소문을 들은 동료 백부장들이 비웃지 않았을까? 80km쯤 떨어진 가이사랴에 있던 직속 상관인 천부장 호민관이 의심하지 않았을까? 백부장은 그런 상황을 다 알고 있으면서도 이런 행동을 했다. 성품이나 인격이 남달랐기 때문만은 아니었고 유대인들이 믿는 여호와라는 신에 대한 호감을 가졌으리라 짐작해본다. 충분히 상상해볼 수 있는데, 여하튼 백부장의 동료에 대한 헌신이 결국 결정적인 순간에 친구들로부터 도움을 받을 수 있는 계기가 되었다. 예수님을 모셔올 수 있었다.

일터에서 이런 동료를 얻고 싶은가? 일터에서 동료들과 좋은 관계를 맺을 수 있는 쉬운 방법 한 가지를 소개한다. '없는 사람을 지지하고 칭찬하는 방법'이다. 뒤에서는 나라님도 욕한다고, 사람들은 보통 그 자리에 없는 사람의 허물은 대수롭지 않게 말하는 습성이 있다. 근거도 없는 추측과 험담이 점점 보태져 걷잡을 수 없게 되면 그런 말은 거의 언제나 당사자에게 전달된다.

이런 상황에서 그 자리에 없는 사람을 모인 사람이 비난할 때 일단 부화뇌동하지 않는 자세가 필요하다. 그리고 단점 말고 이런 면도 있다고 자기 생각이나 그 사람과 관계에서 경험했던 이야기를 해주면 좋다. 할 수 있으면 칭찬도 해보라. 그러면 험담의 상승효과가 수그러든다. 한 사람을 향한 일방적인 비난의 소용돌이에서 벗어날 수 있다.

그러면 일거양득의 결과를 얻는다. 그 이야기를 나중에 들은 당사자는 이렇게 생각한다. '김 과장은 내가 없어도 나를 욕하지 않고 좋게 말해주는 사람이구나! 고마운 사람이네.' 이보다 수월하고 좋은 동료 만들기가 어디에 있는가? 또한 그 자리에서 함께 이야기를 나누던 사람들에게도 확실한 인상을 심어준다. 그들은 이렇게 생각한다. '김 과장은 자리에 없는 사람을 욕하는 사람이 아니구나. 이 사람은 내가 없는 자리에서도 나를 욕할 사람이 아니네.'

동료에게 헌신하되 말로만 하지 말고 가진 것을 나누면서 해야 한다. 상대방의 필요가 뭔지 생각하고 자신이 가진 것을 나눠줄 수 있어야 한다. 유대인 장로들은 회당이 필요했고 회당을 지어준 백부장은 친구를 얻었다. 백부장은 결정적으로 아쉬울 때에 그들을 통해서 예수님을 만나는 기회를 얻을 수 있었다. 우리도 이렇게 일터에서 친구를 얻을 수 있도록 노력해야 한다.

동료에게도 참다운 사랑과 헌신을 원하시는 하나님께 기도한다.

"사랑하시는 하나님, 우리가 일터에서 동료들을 향해 사랑을 실천하기 원합니다. 사람이 친구를 위하여 목숨을 버리면 그보다 큰 사랑이 없다고 말씀하신 예수님은 친구를 위해 목숨을 버리셨습니다. 우리의 영원한 친구 예수님처럼 저도 일터에서 사람들을 사랑하고 헌신하는 참다운 우정을 실천할 수 있게 인도해주소서."

>>> 누가복음 7:6-10

팔로워십 : 리더를 향한 존경

    일터에는 파워게임이 늘 존재한다. 일터의 상하관계인 리더와 팔로워 간에도 알력이 생긴다. 위에서 리더가 내리누르는 경우가 있고, 그에 대해 팔로워가 반발하는 갈등으로 인해 힘들고 안타까운 상황이 벌어지기도 한다. 일터에서 화가 난 리더를 향해 당신은 어떤 태도를 보이는가? 어떻게 하는 것이 리더를 향한 바른 자세인지 로마군 백부장에게 배울 수 있다.

    로마군 백부장이 윗사람이라고 할 수 있는 예수님께 어떤 자세를 보였는지 확인해보자. "예수께서 함께 가실새 이에 그 집이 멀지 아니하여 백부장이 벗들을 보내어 이르되 주여 수고하시지 마옵소서. 내 집에 들어오심을 나는 감당하지 못하겠나이다. 그러므로 내가 주께 나아가기도 감당하지 못할 줄을 알았나이다. 말씀만 하사 내 하인을 낫게 하소서. 나도 남의 수하에 든 사람이요 내 아래에도 병사가 있으니 이더러 가라 하면 가고 저더러 오라 하면 오고 내 종더러 이

것을 하라 하면 하나이다. 예수께서 들으시고 그를 놀랍게 여겨 돌이
키사 따르는 무리에게 이르시되 내가 너희에게 이르노니 이스라엘
중에서도 이만한 믿음은 만나보지 못하였노라 하시더라. 보내었던
사람들이 집으로 돌아가 보매 종이 이미 나아 있었더라"(눅 7:6-10).

백부장은 예수님을 향해 극단적인 존경심을 표현했다. 자신의 요
청으로 예수님이 자기 집으로 오고 계시는 데도 벗들을 다시 보내 자
신의 집에 오시는 수고를 하지 마시라고 부탁했다. 집에 들어오시지
말고 말씀만 하셔서 종의 병을 고쳐달라는 부탁에는 예수님을 하나
님으로 보는 믿음과 더불어 윗사람을 향한 존경심이 가득 담겨 있
다. 예수님은 이 백부장의 말을 듣고 감동하셨다.

우리도 윗사람을 존경해야 한다. 부모님이나 직장 상사는 물론이
고 전철 안의 어르신도 존경하며 대우해야 한다. 이런 기본적인 존경
심을 가질 때 우리는 일터 속 세 방향의 관계에서 리더를 위한 팔로
워십을 잘 세울 수 있다. 일터에서 리더와 갈등이 생기면 기도해야
한다. 리더의 마음을 감동시켜주시고, 관계에 맺힌 응어리를 풀어주
시며, 위로하고 치유해달라고 기도해야 한다. 때때로 하나님이 기도
하는 사람을 먼저 감동시키기도 하신다.

일터에서 결재를 받거나 면담할 때도 리더의 상황과 기분 등을
잘 고려하여 적당한 시간을 잡는 지혜도 중요하다. 사소한 일을 통해
서도 관계 유지에 도움을 얻을 수 있다. 그리고 리더를 대하는 태도
가 중요하다. 건방진 모습을 보이면 아무리 좋은 이야기를 해도 소용
없다. 어떤 상황에서라도 건방진 태도는 금물이다. 리더에게 직언하

려고 할 때도 조심해야 한다. 엄격한 의미의 '직언'(直言)은 없다고 봐도 좋다. 시간 간격을 두고 그 시간 동안 생각하거나 그 문제를 위해 기도해보면 직언보다 오히려 중보기도가 더 효과가 좋은 경우를 경험할 수 있다. 그렇게 리더를 잘 섬기면 팔로워인 나도 복을 받는다. 그런 모습을 지켜본 나의 팔로워들이 나를 존경해준다.

리더에 대한 존경은 예수님의 제자로 살아가는 직업인의 중요한 캐릭터이다. 사도 베드로가 종들에게 주인을 섬기라고 교훈한 내용을 보면 의미심장하다. 베드로는 예수님이 애매하고 죄 없이 고난받으신 십자가의 고통을 주인에게 애매하게 고난당하는 종의 고통과 비교하고 있다(벧전 2:18-21). 예수님이 본을 보이신 것처럼 까다로운 주인에게도 순종하며 섬길 때 상하관계에서 귀한 훈련의 기회가 된다는 점을 베드로는 강조하고 있다.

아무리 노력을 해도 더 이상 함께할 수 없는 경우에도 리더를 향한 존경심은 잃지 말아야 한다. 다윗은 사울 왕에게 애매한 고난을 여러 차례 당했다. 그런데 다윗이 도망갈 궁리만 한 것이 아니었다. 다윗은 심지어 자기를 죽이려는 사울 왕의 창질을 두 번이나 당했으면서도 쉽게 곁을 떠나지 않았다. 비록 자기를 죽이려고 시도했지만 사울 왕의 본심을 알고 싶어 했다(삼상 20:7). 자기를 미워하고 죽이려고 하는 행동이 진심인지 확인했다. 신중하고도 어려운 결정을 하고 궁궐을 떠난 후에도 사울 왕은 기회가 있을 때마다 다윗을 죽이러 쫓아왔지만 오히려 다윗은 사울을 향한 존경심을 잃지 않았다.

다윗은 사울 왕을 죽일 수 있는 결정적 기회를 두 번이나 얻었지만 결코 죽이지 않았다. 하나님의 섭리와 주권을 인정하면서 감정적인 행동을 자제했던 다윗의 행동은 복받을 만한 멋진 팔로워십이었다. 우리가 일터에서 리더와 겪는 관계 갈등에 좋은 교훈이 된다.

일터의 상하관계 속에는 밀고 밀리는 '정치'가 존재하는 게 사실이다. '여기서 밀리면 끝이다'라는 판단이 서면 무리수를 두고 그야말로 '정치'를 하게 된다. 우리는 크리스천으로서 기본적으로 리더를 향한 존경심을 잃지 않도록 노력해야 한다. 백부장이 예수님을 향해 가졌던 무한 존경심을 배우면 일터의 팔로워십을 잘 감당할 수 있다.

일터 속의 인간관계를 중요하게 여기시고 관심 가지고 계신 하나님께 기도한다.

"무질서가 아닌 질서와 화평의 하나님, 모든 것을 품위 있게 하고 질서 있게 하라고 하셨습니다(고전 14:40). 일터의 상하관계에서도 질서를 잘 지키는 마음을 저에게 허락해주소서. 애매하게 이유도 없이 고난받으신 예수님에게 배우겠습니다. 까다로운 윗사람을 향해서도 주님께 하듯이 팔로워십을 발휘하여 존경을 다할 수 있도록 주님이 인도해주소서."

07
인간관계

리더 예수님의
의심하는 팔로워 다루기

인생을 살면서 윗사람을 대하는 일은 아마도 우리가 살아가는 내내 겪어내야 하는 숙제일 것이다. 여든이 다 되어가는 어르신도 노인정에서 나이 몇 살 더 많다고 유세하는 영감이 밉다고 하소연한다. 일터에서도 윗사람 대하기는 참 껄끄럽다. 인격 훌륭하고 아무리 사람이 좋아도 일단 리더는 어려운 것이 현실이다. 또한 요즘에는 일터에서 리더들이 팔로워 대하기도 수월치 않다. 세상이 변했고 세대가 달라진 것을 피부로 느낄 수 있다. 그렇더라도 일터에서 리더는 겪어내고 감당해야만 할 일이 많다. 사람의 몸을 입고 오셔서 제자 공동체의 리더 역할을 하신 예수님에게 리더십의 고충을 배워볼 수 있다.

부활을 의심하는 도마를 위해 예수님이 직접 찾아가셨다. "열두 제자 중의 하나로서 디두모라 불리는 도마는 예수께서 오셨을 때에 함께 있지 아니한지라. 다른 제자들이 그에게 이르되 우리가 주를 보았노라 하니 도마가 이르되 내가 그의 손의 못 자국을 보며 내 손가락을 그 못 자국에 넣으며 내 손을 그 옆구리에 넣어 보지 않고는 믿지 아니하겠노라 하니라. 여드레를 지나서 제자들이 다시 집 안에 있을 때에 도마도 함께 있고 문들이 닫혔는데 예수께서 오사 가운데 서서 이르시되 너희에게 평강이 있을지어다 하시고 도마에게 이르시되 네 손가락을 이리 내밀어 내 손을 보고 네 손을 내밀어 내 옆구리에 넣어 보라. 그리하여 믿음 없는 자가 되지 말고 믿는 자가 되라. 도마가 대답하여 이르되 나의 주님이시요 나의 하나님이시니이다"(요 20:24-28).

예수님을 기업을 경영하는 CEO로 보면서 경영자의 마인드를 배우자는 책도 있고 예수님을 인권운동가나 NGO 활동가로 보는 시각도 있다. 그런데 예수님을 요즘의 일터 관점으로 보면 한 부서의 부서장이나 팀장쯤 되는 리더로 볼 수도 있다. 물론 예수님의 제자가 열두 명만이 아니고 확대 제자 70명에 따르는 사람은 더 많았지만 일단 밀접한 관계의 측근 제자 공동체의 규모를 보면 그렇다.

리더 예수님에게는 사랑스러운 요한과 같은 팔로워만 있었던 것이 아니고 의심하는 도마와 같은 팔로워도 있었다. 일터에서 리더를 믿지 못하는 팔로워도 있다. 리더가 신뢰를 주지 못해 불신임하는 경우도 있겠으나 팔로워에게 문제가 있는 경우도 있다. 도마가 바로 리더 예수님을 의심하는 팔로워였다. 부활하신 예수님이 제자들이 모여 있는 곳에 찾아오셨을 때 도마는 없었다. 어디에 갔는지 혼자만 빠졌는데 도마는 다른 열 명의 제자들이 부활하신 주님을 보았다고 증언하는 말을 믿지 않았다. 자기가 직접 예수님의 손에 난 못 자국을 보고 손가락을 못 자국에 넣어보고 옆구리에도 손을 넣어봐야지, 그렇지 않으면 못 믿겠다고 단호하게 말했다.

8일이 지난 후 예수님은 다시 제자들이 모인 곳에 오셨다. 그 자리에 도마도 함께 있었다. 그때 예수님은 도마를 향해 말씀하신다. "네 손가락을 이리 내밀어 내 손을 보고 네 손을 내밀어 내 옆구리에 넣어 보라. 그리하고 믿음 없는 자가 되지 말고 믿는 자가 되라." 십자가에 달리기 전에도 예수님이 여러 차례 부활에 대해 언급하셨고, 이미 예수님을 보았던 제자들과 여인들이 있었는데 도마는 주님의 부활을 믿지 않았다. 베드로와 요한은 직접 무덤에 가서 수의만 남고 비어 있는 무덤을 확인했다. 그런데도 도마는 자기가 직접 보기 전에는 믿지 않겠다고 혼자 고집을 부렸다. 이 의심 많은 도마를 위해 예수님은 특별히 찾아오셨다. 이날 예수님은 도마를 특별히 만나기 위해 제자 공동체에 오셨다.

예수님은 도마가 믿음 없는 자가 아니라 믿는 자가 되기를 바라셨다. 의심하는 도마를 찾아와 상처에 손을 넣어보게 해서라도 믿음을 가지기를 원하셨다. 도마의 의심은 믿음이 없었기 때문임을 예수님은 잘 아셨다. 도마는 자기 눈으로 확인하지 않고는 믿지 못하겠다고 단호한 입장을 보였다. 그런 도마에게 예수님은 직접 찾아와 손과 옆구리에 직접 손을 넣어보게 하셨다. 이렇게 예수님이 직접 찾아와 팔로워 도마에게 믿음을 심어주신 사실이 중요하다.

의심하는 팔로워에게 왜 못 믿느냐고 판단을 주지 않으셨다. 다른 사람도 다 믿으니 고집부리지 말고 믿으라고 강요하지 않으셨다. 믿을 수 있도록 증거를 보여주기 위해 친히 찾아와 보여주셨다. 주님이 진정한 리더의 모범을 보여주신다. 오늘 우리 시대는 불신의 시대라고 말할 수 있다. 시대를 탓할 것 없이 믿음을 심어줄 수 있도록 우리도 예수님의 열정을 가져야 한다.

리더와 팔로워 간의 신뢰관계가 제대로 형성되지 않는 것은 의사소통이 제대로 안 되기 때문일 가능성이 크다. 의심과 불신이 생기지 않도록 질문하고 경청하며 소통하기 위해 노력해야 한다. 미심쩍어하는 팔로워를 귀찮아하거나 포기하지 말아야 한다. 예수님처럼 직접 찾아가는 노력을 기울이고 믿음을 주고 섬기는 노력을 다하는 열정을 보여주어야 한다. 리더라면 예수님처럼!

의심하는 사람에게 독생자 예수님을 보내 믿음을 주신 하나님께 기도한다.

"사랑하시는 하나님, 예수님처럼 의심하는 팔로워도 포기하지 않겠습니다. 믿지 못해도 함께 가야 할 공동체의 일원이라는 믿음을 심어주기 위해 노력하게 도와주소서. 함께 비전을 나누고 땀 흘려 성취해야 할 원팀을 추구하는 일을 팔로워와 함께할 수 있도록 인도해주소서."

>>> 마태복음 7:7-12

08
인간관계

기도해서 받을 수 있으니
남을 대접하라

「정상에서 만납시다」라는 책으로 유명한 성공학 강사 지그 지글러에게 한 직장 여성이 찾아와 자신의 직장에 대한 불평을 잔뜩 늘어놨다. 이야기를 다 듣고 난 지글러는 그녀의 상황이 앞으로 더 나빠지고 심지어 위험해질 것이라고 말했다. 공감해주기를 기대한 여성은 실망했는데 크리스천인 지글러는 성경의 황금률(마 7:12)을 말했다. 황금률은 먼저 대접을 받고 싶은 대로 남을 대접해야 하듯이 먼저 직장을 좋아하고 동료를 좋아하는 법을 배워야 한다고 그 여성에게 말했다.

그러자 직장에는 좋은 것이 하나도 없는데 어떻게 좋아하느냐고 여성은 펄쩍 뛰었다. 그러나 지글러는 종이 한 장을 주면서 작은 것이라도 직장과 동료의 좋은 점을 적어보라고 했다. 멍하니 종이만 쳐다보는 여성에게 지글러가 말했다. "직장에서 월급은 받으시지요? 좋지 않으세요? 휴가 때 쉴 수 있어서 좋지 않습니까? 좋으면 써보세요. 다른 좋은 것이 있으면 더 적어 보세요." 그 여성은 한참 생각하다가 직장이 집에서 가까워 출퇴근이 편하다고 말했다. 그렇게 직장과 동료의 좋은 점을 쓰다 보니 스무 가지가 넘었다.

산상수훈에서 예수님은 기도하라는 교훈 다음에 황금률을 말씀하셨다. "구하라. 그리하면 너희에게 주실 것이요 찾으라. 그리하면 찾아낼 것이요 문을 두드리라. 그리하면 너희에게 열릴 것이니 구하는 이마다 받을 것이요 찾는 이는 찾아낼 것이요 두드리는 이에게는 열릴 것이니라. 너희 중에 누가 아들이 떡을 달라 하는데 돌을 주며 생선을 달라 하는데 뱀을 줄 사람이 있겠느냐. 너희가 악한 자라도 좋은 것으로 자식에게 줄 줄 알거든 하물며 하늘에 계신 너희 아버지께서 구하는 자에게 좋은 것으로 주시지 않겠느냐. 그러므로 무엇이든지 남에게 대접을 받고자 하는 대로 너희도 남을 대접하라. 이것이 율법이요 선지자니라"(마 7:7-12).

황금률(The golden rule)이라고 알려진 마태복음 7장 12절은 예수님이 산상수훈에서 말씀하신 기독교의 기본적인 행위와 윤리 원칙을 잘 보여준다. "무엇이든지 남에게 대접을 받고자 하는 대로 너희도 남을 대접하라." 사실 세계 고등종교들의 가르침에는 빠지지 않고 황금률과 같은 내용이 반영되어 있다. 각종 도덕과 철학에도 이 황금률이 대부분 행동 기준으로 채택되어 있다. 예수님이 말씀하신 황금률은 문맥 속에서 어떤 의미와 중요성을 가지고 있는가?
예수님이 구약성경의 핵심적 가르침이라고 말씀하시는 마태복음의 이 구절은 같은 내용인 누가복음 6장 31절과 비교해도 전후 문맥

이 조금 다르다. 마태복음에서는 기도에 대한 교훈의 결론으로 제시되는 점이 특징이다. 구하고 찾고 문을 두드리면 하나님이 구하는 자에게 응답하신다는 교훈 후에 황금률을 말씀하셨다. "그러므로 무엇이든지 남에게 대접을 받고자 하는 대로 너희도 남을 대접하라. 이것이 율법이요 선지자니라."

크리스천에게는 하나님께 기도해서 응답받을 수 있는 놀라운 특권이 있다. 구하면 주시고 찾으면 찾게 해주시고 문을 두드리면 문을 열어주신다. 부모는 먹을 것을 달라는 자식에게 자신은 못 먹어도 자식에게는 좋은 것을 주고자 하는 것이 인지상정이다. 하물며 아버지이신 하나님이 우리에게 좋은 것으로 주시지 않을 리가 없다. 마태와 누가가 자주 사용하는 '하물며' 비교법으로, 부모가 설령 자식에게는 좋은 것으로 주지 못해도 하나님은 더욱 좋은 것으로 구하고 찾고 두드리는 자에게 주신다고 한다. 우리의 기도가 이렇게 구하기만 하면 당연히 받는 것이라고만 강조하면 기도에 대한 전체의 교훈을 모두 반영하지는 못한다. 그런데 기도의 이런 측면을 부인하면 하나님의 놀라운 은혜를 체험하지 못해서 안타까울 수밖에 없다.

이런 기도의 교훈에 대해 말씀하시고 나서 예수님은 우리의 기도 생활이 하나님께 기도해서 응답받음으로 만족하지 말고 더 나가야 한다고 강조하신다. '그러므로' 좋은 것으로 주시는 하나님께 응답받을 수 있으니 예수님은 우리에게 남을 대접하라고 하신다. 손익계산을 하느라 너무 길고 복잡하게 생각하지 말라고 하시는 말씀으로 이해해도 좋다. 우리는 하나님께 기도하면 받을 수 있으니 비즈니스에서 손해를 좀 보더라도 너그러워지라고 이해하면 너무 나가는 것일까?

감사하게도 예수님은 남을 대접하는 한계를 정해주신다. "(너희가) 남에게 대접을 받고자 하는 대로" 다른 사람을 대접하라고 하신다. 남에게 대접받고 싶은 만큼 사람들을 대접하고 섬기면 황금률을 잘 실천할 수 있다. 우리의 일터에서도 하나님께 구해서 받은 놀라운 은혜와 유익을 동료들에게 나누어줄 수 있다. 기꺼이 사람들을 대접하기 위해 노력해야 한다.

예수님이 가르쳐주시는 대로 우리는 구하고 찾고 문을 두드리는 '구찾두 기도'를 해야 한다. 하나님의 응답을 믿고 기도할 수 있다. 또한 남을 대접하기 위해서 더욱 기도 응답을 받아야 할 필요가 있다. 그래서 남을 대접하고 사람들에게 유익을 주기 위해 노력하면 하나님이 기뻐하신다. 황금률을 통해 하나님을 사랑하고 이웃을 네 자신같이 사랑하라는 구약의 요약 계명을 실천할 수 있다.

세상 사람과는 뭔가 남다른 가치 기준을 가지고 살아가기 원하시는 하나님께 기도한다.

"기도에 응답해주시는 우리 하나님, 참 감사합니다. 주님의 뜻에 합당한 기도를 해서 놀라운 은혜를 받게 하시고 그것을 우리의 일터 사람들과 나눌 수 있게 인도해주소서. 황금률이야말로 일하는 저를 위한 하나님의 법칙입니다. 하나님이 저에게 주시는 귀한 복에 감사하며 사람들을 섬기고 대접하여 세상을 유익하게 할 수 있도록 주님이 함께하소서."

09 실패하는 리더의 세 가지 습관

인간관계

　　한 세미나에서 강사가 강의를 시작하며 질문했다. "리더라고 생각하는 사람은 손들어 보십시오." 손을 들지 않은 몇 사람이 있자 일일이 물어보면서 결국 그들이 손을 들도록 만들었다. 그 강사에 따르면 리더는 '누군가 따르는 사람이 있는 사람'을 말한다. 막 회사에 입사한 신입사원도 집에 동생이 있고 학교 후배가 있다면 리더이다. 누구나 리더이기에 리더십은 모든 사람에게 필요하다. 특히 일하는 사람에게는 리더십이 꼭 필요하다. 그런데 오늘 우리 시대에 참다운 리더십을 발견하기는 쉽지 않다. '리더십의 부재'라고 진단하는 현대 사회의 문제점은 무엇인가? 우리 일터의 현실에 대해 예수님이 지적하시는 잘못된 리더십의 교훈을 통해 일하는 제자의 리더십을 배울 수 있다.

　　예수님이 유대교 지도자들을 신랄하게 비판하셨다. "이에 예수께서 무리와 제자들에게 말씀하여 이르시되 서기관들과 바리새인들이 모세의 자리에 앉았으니 그러므로 무엇이든지 그들이 말하는 바는 행하고 지키되 그들이 하는 행위는 본받지 말라. 그들은 말만 하고 행하지 아니하며 또 무거운 짐을 묶어 사람의 어깨에 지우되 자기는 이것을 한 손가락으로도 움직이려 하지 아니하며 그들의 모든 행위를 사람에게 보이고자 하나니 곧 그 경문 띠를 넓게 하며 옷술을 길게 하고 잔치의 윗자리와 회당의 높은 자리와 시장에서 문안받는 것과 사람에게 랍비라 칭함을 받는 것을 좋아하느니라. 그러나 너희는 랍비라 칭함을 받지 말라. 너희 선생은 하나요 너희는 다 형제니라"(마 23:1-8).

우리 주 예수님은 제자들에게 '섬기는 리더십'에 대해서 교훈하셨다(마 20:20-28). 권세를 남용하는 이방인 집권자들의 잘못된 리더십을 배우지 말라고 하셨다. "너희 중에 누구든지 크고자 하는 자는 너희를 섬기는 자가 되고 너희 중에 누구든지 으뜸이 되고자 하는 자는 너희의 종이 되어야 하리라." 예수님이 이 땅에 오신 목적인 십자가 구속과 연관해 예수님이 섬김을 받는 것이 아니라 섬기려 하신다고 분명하게 교훈하셨다. 예수님은 유대교 지도자들의 잘못된 리더십을 통해 참다운 리더십을 교훈하신다.

첫 번째 잘못된 리더십의 습관은 언행 불일치이다. 예수님 당시 바리새인과 서기관들의 대표적인 실수였다. 그들은 틀린 말을 하지는 않았다. 그래서 "그들이 말하는 바는 행하고 지키되 그들이 하는 행위는 본받지 말라"고 하신다. 그들은 말만 하고 행하지 않았기 때문이다. 그들은 무거운 짐을 묶어 사람의 어깨에 지우면서 자기들은 한 손가락으로도 움직이려 하지 않았다.

이것은 오늘날에도 리더의 대표적인 실패 유형이다. 말은 잘하고 좋은 말을 하는데 자신이 그대로 행동하지 않으니 그가 하는 말에 권위가 없다. 그러니 팔로워를 다그쳐도 소용없다. 누구나 경험했을 바로 이 부분을 리더는 조심해야 한다.

실패하는 리더의 두 번째 잘못된 습관은 체면치레다. 사람에게 보이려고 의도적으로 하는 행위는 진실하지 못한 경우가 많다. 물론 사람을 전혀 의식하지 않는 행동이 문제되는 경우도 있지만 대부분의 사람들에게 보이려는 행동은 체면치레이고 거짓이 많다. 예수님이 지적하시기를 바리새인들은 그들의 모든 행위를 사람에게 보이려고 했다. "경문 띠를 넓게 하며 옷술을 길게" 했다고 지적하신다.

유대인들은 작은 가죽상자 안에 성경구절을 적은 양피지를 넣어 손목과 이마에 붙여 율법대로 사는 삶을 기억했다(신 6:8). 겉옷의 네 가장자리에 청색 실로 된 술을 달아 계명을 기억하고 음행의 유혹에 빠지지 않고 거룩한 삶을 사는 결심을 표현했다(민 15:37-41). 서기관과 바리새인들은 이 경문과 옷술을 장식하여 자신들의 경건함을 사람에게 보이려고 했다. 그들은 길을 가다가도 시간이 되면 사거리 가운데 서서 기도했다고 한다. 이런 위선적 체면치레는 종교적 열심으로 잘 포장했지만 따르는 사람에게 인정받지 못한다.

실패하는 리더의 세 번째 습관은 권위주의이다. '권위'는 꼭 필요하고 좋은 것인데 '권위주의'는 문제가 많다. 예수님이 지적하시기를 바리새인과 서기관들은 잔치의 윗자리와 회당의 높은 자리와 시장에서 문안받는 것과 사람에게 랍비라 칭함받는 것을 좋아했다. 이런 권위주의가 잘못된 리더십이라고 예수님은 지적하셨다.

예수님은 바리새인 지도자의 집에서 식사하시며 청함받았을 때 높은 자리에 앉으면 그보다 더 높은 사람에게 자리를 내주게 된다고 말씀하셨다. 차라리 끝자리에 앉으면 청한 자가 올라앉으라고 해서 초대받은 사람들 앞에서 영광이 될 것이라고 하셨다(눅 14:7-10). 윗 사람으로 대접받는 일을 과도하게 즐기는 사람이 있는데 권위는 아 랫사람이나 주변사람이 세워주어야 바로 선다. 일터에서는 누구나 예외 없이 리더이고 리더가 될 것인데, 나는 과연 이런 잘못된 리더 십의 습관에 빠져 있지 않은지 자신을 돌아볼 수 있어야 한다.

우리가 당연히 갖추어야 할 리더십을 확인해봐야 한다. 언행이 일치하는가? 실행할 수 있는 말만 하려고 노력해야 한다. 체면치레 에 치중하여 본질을 놓치지 않는가? 권위주의에 빠져 주변 사람에게 권위를 세워줄 것을 강요하지 않는가? 참다운 리더십을 방해하는 잘 못된 습관적 리더십을 고치기 위해 노력해야 한다.

우리의 영원한 참 리더이신 하나님께 기도한다.

"질서와 화평의 하나님, 일터에서 윗사람으로서 참된 모범을 보이게 도와주소서. 유일하신 지도자 예수님의 리더십을 배우겠습니다. '너희 중에 큰 자는 너희를 섬기는 자가 되어야 하리라. 누구든지 자기를 높이는 자는 낮아지고 누구든지 자기를 낮추는 자는 높아지리라'(마 23:11-12). 예수님의 섬기는 리더십을 잘 배워 일터에서 실천할 수 있도록 인도해주소서."

10
인간관계

>>> 마태복음 18:23-30,35

내가 용서 못하면
용서할 사람이 없다

영화 〈밀양〉(2007, 이창동 감독)을 용서의 관점으로 볼 수 있다. 신애
는 외아들을 유괴범에게 잃은 슬픔에 빠져 있다가 '상처 입은 영혼
을 위한 기도회'에 참석한다. 슬픔을 치유받고 믿음을 가진 후 열심
히 교회생활하는 초신자의 모습을 보여준다. 예수님이 너무나 좋았
다. 그 마음을 주체할 수가 없었고 공중에 붕 뜬 것 같은 삶을 산다.
그런데 신애의 믿음은 예수님의 비유 중 바위 위에 뿌려진 씨앗과 같
이 뿌리가 깊지 않았다. 어려움을 극복하기가 쉽지 않았다.

신애는 믿음의 열정이 생겨서 자신이 직접 용서하기 위해 아들을
죽인 유괴범을 교도소로 찾아갔다. 그런데 아이가 다니던 웅변학원
원장이었던 그 사람은 이미 하나님에게 용서를 받았다면서 신애 앞
에서는 잘못했다고 용서를 구하지도 않았다. 눈물은 고사하고 신애
가 하나님을 만났으니 고맙다고, 신애를 위해 기도하고 있었다고 말
했다. 무례한 기독교인의 모습이다. 정말 하나님께 용서를 받았다면
자기가 죽인 아이의 엄마 앞에서도 당연히 눈물로 용서를 빌어야 옳

았다. 아마 하나님 앞에서도 진정으로 회개한 것이 아닐 것이다. 신애는 큰 충격을 받고 일종의 배교한 사람의 낙심과 절망을 온몸으로 표현했다. 용서가 정말 힘들다.

예수님은 베드로와 제자들에게 용서를 가르쳐주셨다. "그러므로 천국은 그 종들과 결산하려 하던 어떤 임금과 같으니 결산할 때에 만 달란트 빚진 자 하나를 데려오매 갚을 것이 없는지라. 주인이 명하여 그 몸과 아내와 자식들과 모든 소유를 다 팔아 갚게 하라 하니 그 종이 엎드려 절하며 이르되 내게 참으소서. 다 갚으리이다 하거늘 그 종의 주인이 불쌍히 여겨 놓아 보내며 그 빚을 탕감하여 주었더니 그 종이 나가서 자기에게 백 데나리온 빚진 동료 한 사람을 만나 붙들어 목을 잡고 이르되 빚을 갚으라 하매 그 동료가 엎드려 간구하여 이르되 나에게 참아주소서. 갚으리이다 하되 허락하지 아니하고 이에 가서 그가 빚을 갚도록 옥에 가두거늘 …너희가 각각 마음으로부터 형제를 용서하지 아니하면 나의 하늘 아버지께서도 너희에게 이와 같이 하시리라"(마 18:23-30,35).

교회 안에서 형제가 죄를 범할 때 어떻게 해야 하는지 예수님의 가르침이 있은(15-20절) 후에 베드로가 현실적인 고민거리를 질문했다. 당시 유대교 랍비들은 세 번까지 형제의 죄를 용서하라고 가르쳤는데 베드로는 일곱 번쯤 용서하면 되겠느냐고 예수님께 질문했다. 나름대로 꽤 넉넉하게 인심을 썼고 너그러운 티를 냈다. 그러자 예수님은 쉽지 않은 일곱 번을 일흔 번씩이라도 용서하라고 하셨으니 끝없이 용서하라는 뜻이다. 참아내는 한계를 질문했는데 무한 용서를 말씀하셨다. 예수님 말씀을 듣고 보니 용서가 더욱 힘들어진다. 이렇게 무한히 용서해야 하는 이유를 예수님은 비유로 말씀하신다.

예수님의 비유 속에 한 임금에게 속한 종의 빚이 어마어마하다. 만 달란트를 빚졌다. 한 달란트는 6천 데나리온 혹은 1만 데나리온에 해당한다. 6천 데나리온이면 20년, 1만 데나리온이면 30년 넘게 일한 일꾼의 품삯 전부이다. 20년 혹은 30년 이상 만 명이 일한 값이니 상상하기 힘든 액수이다. 그런 빚을 진 사람을 임금이 불쌍히 여겨 탕감해주었다.

그런데 그 종은 자신에게 100데나리온 빚진 동료가 돈을 갚지 않는다고 멱살을 잡았고 사정하는데도 옥에 가두었다. 동료들이 딱해서 임금에게 알렸고 임금은 그 인정 없는 종에게 만 달란트 탕감해준 일을 없었던 일로 했다. 이 비유의 핵심은 돈으로 환산할 수 없는 큰 용서(구원)를 받았으니 그보다 작은 일은 기꺼이 용서하라는 뜻이다. 구원의 은혜만큼 값나가지 않는 일들, 인간관계에서나 비즈니스에 걸린 문제도 너그럽게 용서하라는 의미가 아닐까?

"너희가 각각 마음으로부터 형제를 용서하지 아니하면 나의 하늘 아버지께서도 너희에게 이와 같이 하시리라." 결론인 35절은 주기도 문을 연상시킨다. "우리가 우리에게 죄지은 자를 사하여준 것같이 우리 죄를 사하여주시옵고." 이렇게 기도할 수 있는 사람은 구원의 은혜를 체험한 사람이고, 이렇게 용서할 수 있는 사람은 큰 용서를 받아본 사람이다. 우리가 용서받은 크리스천임이 분명하다면 오늘부터 우리 일터에서 용서를 연습해야 한다. 용서는 참 힘든 결단이다.

그런데 예수님을 믿어 구원받은 우리가 못하면 용서를 제대로 할 수 있는 사람은 없다!

죄를 범한 형제를 일곱 번씩 일흔 번까지라도 용서하라고 하신 예수님은 비유를 말씀하시며 "천국이 이와 같다"고 말씀하셨다. 용서가 왜 그렇게 어려운가 했더니 하나님 나라에서 실현될 수 있는 것이라는 뜻인가 보다! 그러나 오늘 이미 하나님 나라에 살고 있는 우리가 예수님 말씀처럼 천국의 모습을 보여주어야 한다. 우리가 예수님에게 받은 큰 용서의 가치와 크기를 늘 생각하며 우리가 할 수 있는 용서를 실천해야 한다.

> **큰 용서로 인류를 구원하신 하나님께 기도한다.** ....
> "사랑하시는 하나님, 아버지 하나님의 크나큰 사랑과 용서로 제가 구원받았음을 감사합니다. 그 큰 은혜를 늘 마음에 새기며 용서할 준비를 제대로 할 수 있게 인도하소서. 우리 일터에서 용서의 의미를 알고 제대로 용서할 줄 아는 크리스천들로 인해 아름다운 용서와 화해의 봄이 일어나게 도와주소서. 큰 용서를 받은 제가 삐치거나 꽁하지 않고 맺힌 매듭을 먼저 풀어낼 수 있는 용기를 주소서."

〉〉〉 마태복음 5:21-26

예배드리기 전,
관계의 예배를 점검하라

일터에서 사람들 간의 관계가 꼬여 풀 수 없을 지경까지 이르는 원인은 무엇일까? 여러 가지 이유가 있겠지만 처음에 갈등이 생겼을 때 사과했으면 그렇게까지 갈등이 깊어지지 않는 경우가 많다. 사과하지 못하는 이유는 자존심 때문이다. 자존심 때문에 사과하려고 하지도 않고 또 사과하고 싶어도 미룬다. 사실 자신의 잘못을 인정하는 일이 쉽진 않다. 하지만 구차하게 변명하느라 또 다른 거짓말을 하여 꼬인 관계를 지속하지 말아야 한다. 용기를 내 용서를 구하면 심하게 꼬였던 갈등관계가 의외로 쉽게 풀린다. 일터의 인간관계는 특히 더 어렵기도 하고 문제가 심각해지기도 한다. 예수님의 교훈에 함께 귀 기울여보자.

예수님이 산상수훈에서 관계에 관해 말씀하셨다. "옛 사람에게 말한 바 살인하지 말라. 누구든지 살인하면 심판을 받게 되리라 하였다는 것을 너희가 들었으나 나는 너희에게 이르노니 형제에게 노하는 자마다 심판을 받게 되고 형제를 대하여 라가라 하는 자는 공회에 잡혀가게 되고 미련한 놈이라 하는 자는 지옥 불에 들어가게 되리라. 그러므로 예물을 제단에 드리려다가 거기서 네 형제에게 원망들을 만한 일이 있는 것이 생각나거든 예물을 제단 앞에 두고 먼저 가서 형제와 화목하고 그 후에 와서 예물을 드리라. 너를 고발하는 자와 함께 길에 있을 때에 급히 사화하라. 그 고발하는 자가 너를 재판관에게 내어주고 재판관이 옥리에게 내어주어 옥에 가둘까 염려하라. 진실로 네게 이르노니 네가 한 푼이라도 남김이 없이 다 갚기 전에는 결코 거기서 나오지 못하리라"(마 5:21-26).

산상수훈에서 예수님은 일터 속의 인간관계에 대해서 중요한 교훈을 주셨다. 우선 형제를 미워하지 말고 욕하지도 말라고 하셨다. 그런데 예수님은 마치 패턴처럼 "~ 것을 너희가 들었으나 나는 너희에게 이르노니"라고 말씀하신다. 당시 유대인들은 기록된 율법 외에 구전된 전승을 가지고 여러 행위 규정을 지키도록 했다. 그렇게 전해진 율법의 해석이 아니라 예수님의 말씀을 들으라고 하신다. 심판받게 되니 살인하지 말라고 들었지만 예수님은 미워하고 욕하는 것도 살인이라고 말씀하신다. 형제에게 '라가' 라고 욕설하고 미련한 놈이라고 말하는 것도 살인만큼 심각한 죄라고 하신다. 공회에 잡혀가게 되고 지옥 불에 들어갈 것이라고 매우 강경한 처벌을 말씀하신다. 미워하는 사람이 있는가? 예수님의 경고를 잘 듣고 미움의 칼을 거두어야 한다.

일하고 살아가다 보면 사람들과 갈등이 생길 수 있다. 소통도 잘 안 되어 서로 원망과 불평을 할 수도 있다. 갈등은 생길 수 있지만 그 감정적 갈등을 해결하지 않는 것이 문제이다. 예수님 말씀을 충실하게 적용한다면 우리는 갈등 거리를 주일 예배시간 전에 해결해야 한다. 주일이 되기 전, 예배를 준비하면서 우리는 지난 한 주간을 돌아볼 수 있다. 특히 사람들에게 원망들을 만한 일이 있는지 잘 확인해야 한다. 예물을 제단 앞에 두고 먼저 가서 형제와 화목한 후에 드리라고 단호하게 말씀하시는 예수님의 의도를 잘 읽어야 한다. 하나님께 영광을 돌리는 예배는 하나님과 관계를 중심으로 생각해야 하지만 사람들과도 어떤 관계를 가져야 하는지 예수님이 알려주신다.

그뿐만 아니라 우리는 일하면서 여러 가지로 복잡하게 꼬인 문제도 해결해야 한다. 법정까지 가지 말고 해결하는 것이 최선이라고 예수님이 말씀하신다. 법정으로 가는 길에 사화(私和)하라고 하신다. 법으로 처리할 문제를 서로 사이좋게 풀라는 뜻이다. 그야말로 피스메이커가 되는 방법을 찾아야 한다. 우리가 비즈니스 세계에서 일할 때 법적으로 해결해야 할 일이 많다. 법정의 판결보다 먼저 상호 합의로 해결할 수 있다면 그야말로 최선이다. 이렇게 산적한 갈등과 문제를 해결하고 풀어내야 일터에서 일할 맛이 난다. 일하는 사람이 힘들어하는 관계문제를 하나님의 사람답게 해결하는 '관계의 예배'도 잘 드리라고 예수님이 강조하신다.

사람들을 미워하지 않고 욕하지 말아야 한다. 나를 아프게 하고 상처를 주는 사람이 있지만 예수님의 말씀대로 그를 미워하여 살인하지 않도록 노력해야 한다. 주일에 예배드리기 전에 인간관계를 잘 점검하고 먼저 사과하고 화해해야 한다. 법적 분쟁이 생기더라도 먼저 풀어낼 방법을 찾아야 한다. 그야말로 하나님께 예배드리듯이 사람들과 '관계의 예배'를 잘 드릴 수 있어야 한다.

사람과의 관계에서 하나님의 사람답기를 원하시는 하나님께 기도한다.

"문제를 해결해주시는 하나님, 하나님이 모든 어려움을 풀어주실 수 있음을 고백합니다. 일터에서 어려움을 겪는 인간관계를 풀어낼 수 있는 용기를 주소서. 하나님께 드리는 예배처럼 관계를 예배드리듯이 할 수 있게 인도해주소서. 먼저 사과하고 화해의 손을 내밀게 저의 마음을 주장하소서. 그래서 우리 일터와 우리 사회가 보다 아름답고 따뜻해지게 도와주소서."

예수께서 이르시되 너는 나를 본 고로 믿느냐.
보지 못하고 믿는 자들은 복되도다 하시니라. 요 20:29

일하는
제자
복음에
심취하다

01
복음

그리스도라 하는
예수를 믿어야 산다

사도신경에 이름이 기록된 유명한 한 직업인이 있다. 그 사람은 일주일에 한 번씩은 예배드리는 전세계의 크리스천에게 이름이 불리는 악명 높은 사람이다. 본디오 빌라도. 이 사람은 예수님의 십자가 처형을 결재한 당시 로마제국의 유대지방 총독이었다. 빌라도는 자기는 예수님을 죽인 사람이 아니라고 항변할지 모르겠다. 사실은 예수님을 죽이는 결정을 실제로 한 것은 아니라고 말이다. 사실이 그런지, 또한 빌라도의 인생에서 그런 구차한 변명보다 더 중요한 문제가 혹시 있는지 확인해보자.

빌라도의 고민을 잘 담은 마태복음의 기록을 살펴보자. "대제사장들과 장로들이 무리를 권하여 바라바를 달라 하게 하고 예수를 죽이자 하게 하였더니 총독이 대답하여 이르되 둘 중의 누구를 너희에게 놓아주기를 원하느냐 이르되 바라바로소이다 빌라도가 이르되 그러면 그리스도라 하는 예수를 내가 어떻게 하랴 그들이 다 이르되 십자가에 못 박혀야 하겠나이다. 빌라도가 이르되 어찜이냐. 무슨 악한 일을 하였느냐. 그들이 더욱 소리 질러 이르되 십자가에 못 박혀야 하겠나이다 하는지라. 빌라도가 아무 성과도 없이 도리어 민란이 나려는 것을 보고 물을 가져다가 무리 앞에서 손을 씻으며 이르되 이 사람의 피에 대하여 나는 무죄하니 너희가 당하라. 백성이 다 대답하여 이르되 그 피를 우리와 우리 자손에게 돌릴지어다 하거늘 이에 바라바는 그들에게 놓아주고 예수는 채찍질하고 십자가에 못 박히게 넘겨주니라"(마 27:20-26).

성경이 알려주는 대로 빌라도 총독이 예수님을 재판할 때 보여준 태도는 꽤 특이했다. 그는 재판정과 이스라엘 백성 사이를 부지런히 드나들면서 처음에는 예수님에게 사형판결을 내리지 않으려고 애썼다. 하나님은 그의 아내의 꿈을 통해서도 메시지를 보내셨다. 빌라도는 옳은 사람에게 상관하지 말라는 아내의 부탁을 들어주고 싶은 마음도 있었다.

그러나 대제사장의 사주를 받은 무리의 집요한 요구를 빌라도는 거절하지 못했다. 이것이 빌라도가 예수님의 사형판결을 내렸던 결정적 요인이다. 유대인들이 이렇게 소리쳤다. "이 사람을 놓으면 가이사의 충신이 아니니이다. 무릇 자기를 왕이라 하는 자는 가이사를 반역하는 것이니이다"(요 19:12).

결국 빌라도는 민란이 일어나서 정치 생명이 위협받을 요소를 방치할 수 없었다. 자신의 정치적 입지를 위해 그는 예수님의 사형판결을 내렸던 셈이다. 그러나 빌라도는 사형을 판결하면서도 그 일에 책임은 지지 않겠다고 발뺌했다. 꽤 비겁했다. 예수를 죽이는 일에 자기는 무죄하니 이스라엘 백성들이 책임지라고 요구했다. 결국 빌라도는 자신의 입지는 확보하고, 예수 그리스도의 사형판결에 대한 책임은 회피했다.

그러나 예수에 대해서 아무런 결정도 하지 않았다는 핑계는 그가 예수를 믿었거나 호의를 베풀었다는 뜻이 아니다. 책임을 회피하려고 했지만 할 수 없었다.

"그리스도라 하는 예수를 내가 어떻게 하랴?"

참 무력하고 비겁해 보이는 질문이다. 빌라도가 제대로 판단하고 결정했다면 좋았을 것이다! 총독 빌라도의 가장 큰 실수는 예수님을 가까이에서 만나고도 믿는 기회를 놓치고 말았던 것이다.

빌라도는 예수님을 심문하면서 '그리스도라 하는 예수'에 대해 어느 정도 이해했다. '메시아'로 이 땅에 오신 예수님이 세상에 속하지 않은 나라의 왕인 것을 알았다. 진리에 속한 자는 내 음성을 듣는다는 예수님의 말씀에 "진리가 무엇이냐?"라고 질문하기도 했다(요 18:36-38). 일의 성취와 업적보다 중요한 일은 바로 예수 그리스도를 인생의 주인으로 선택하는 결정이다. 빌라도는 안타깝고 딱하게도 '그리스도라 하는 예수'를 앞에 두고도 믿음의 선택을 하지 못했다.

예수 그리스도가 어떤 분인가 알고 예수님을 믿게 되었다면 감사한 일이 아닐 수 없다. "그리스도라 하는 예수를 내가 어떻게 하랴?" 빌라도의 안타까운 질문은 많은 생각을 하게 한다. 빌라도처럼 인생의 성공을 추구하느라 예수님을 앞에 두고도 제대로 믿지 못하는 동료들을 위해 기도하고 복음을 전해야 한다. 어떤 다른 인생의 목표를 이루는 것보다 예수님을 만나는 일이 중요함을 알려야 한다.

예수님을 인류의 구원을 위해 세상으로 보내신 하나님께 기도한다.

"사랑하시는 하나님, 예수님이 저의 인생의 주인이 되어주심을 감사합니다. 주님을 위해 저의 삶을 살아가게 인도하소서. 저와 함께 일하는 사람 중에 아직도 예수님에 대해 어떤 결정도 내리지 못한 사람이 많습니다. 빌라도같이 주저하지 말고 올바른 선택으로 예수님을 믿게 인도해주소서."

>>> 요한복음 12:1-8

가성비-가심비-가영비

02

복음

오래 전 이민가서 20년 정도 캐나다와 미국에서 생활하던 한 친구는 한국에 와서 어머니와 형제들이 함께 여행을 다녀왔는데 '펜션'이라는 단어가 생소했다고 한다. 오래 전 이민갔다가 다시 한국에 온 다른 분은 '택배'라는 단어가 생경했다고 말하는 것도 들었다. 요즘 오랜만에 우리나라에 들어오는 재외 동포라면 아마도 '가성비'라는 신조어도 생소할 것이다. '가격 대비 성능'이라는 뜻이다.

또한 요즘에는 심리적 만족감을 중시하는 '가심비'라는 말도 꽤 많이 쓴다. 싸고 좋은 것을 찾으면 좋지만 여의치 않으면 가격이 좀 더 비싸도 만족스러운 물건을 찾는다는 소비심리와 소비행태를 반영한 신조어이다. 덧붙여 예수님의 십자가 죽음을 앞두고 있었던 때에 벌어진 한 사건을 통해서 '가영비', 즉 '영적으로 가치 있는 소비'라는 개념도 생각해볼 수 있다.

예수님이 마르다와 나사로의 집에서 잔치할 때 있었던 일이다.

"유월절 엿새 전에 예수께서 베다니에 이르시니 이곳은 예수께서 죽은 자 가운데서 살리신 나사로가 있는 곳이라. 거기서 예수를 위하여 잔치할새 마르다는 일을 하고 나사로는 예수와 함께 앉은 자 중에 있더라. 마리아는 지극히 비싼 향유 곧 순전한 나드 한 근을 가져다가 예수의 발에 붓고 자기 머리털로 그의 발을 닦으니 향유 냄새가 집에 가득하더라. 제자 중 하나로서 예수를 잡아줄 가룟 유다가 말하되 이 향유를 어찌하여 삼백 데나리온에 팔아 가난한 자들에게 주지 아니하였느냐 하니 이렇게 말함은 가난한 자들을 생각함이 아니요 그는 도둑이라. 돈궤를 맡고 거기 넣는 것을 훔쳐 감이러라. 예수께서 이르시되 그를 가만 두어 나의 장례할 날을 위하여 그것을 간직하게 하라. 가난한 자들은 항상 너희와 함께 있거니와 나는 항상 있지 아니하리라 하시니라"(요 12:1-8).

'가성비'라는 말이 나오기 전부터 충분히 그렇게 살아온 사람도 많다. 검소한 사람은 칭찬받아 마땅하다. 회사에서 업무를 할 때도 우리는 가성비를 잘 따져 원가 절감도 해야 한다. 예수님의 제자 유다는 비싼 향유가 든 옥합을 깨뜨려 향수처럼 조금 쓴 것도 아니고 예수님의 발에 부어버린 마리아를 비난했다. 가성비에도 전혀 어울리지 않고 300데나리온에 팔아서 가난한 사람을 도우면 훨씬 좋았을 것이라고 나름대로 대안도 제시하며 비난했다.

그런데 요한은 유다의 말이 거짓이었다고 증언한다. 유다가 돈궤를 맡았는데 돈을 빼돌리면서 착복하던 도둑이라고 목격자로서 밝히 말한다. 유다는 왜곡된 가성비를 주장했던 셈이다. 그런데 가성비는 가격만 싸면 되는 것인가? 가성비가 좋다고 필요 없는 것을 반복 구매하거나 충동구매하면 차라리 안 하는 것만 못하다.

'가심비'는 가격이나 성능보다 '심리적 안정과 만족감'을 중시하는 소비형태이다. 대량생산 대량소비라는 자본주의의 홍보문구가 언제나 유효한 것은 아니기에 지혜로운 소비생활을 한 모습이다. 물건을 구매할 때 사람들은 싼 것을 사는 것보다 가격은 좀더 비싸도 품질이 좋은 물건이 더 만족스럽다고 생각하며 소비하기도 한다.

이 가성비와 가심비를 직업의 목적, 3M과 연관해 생각해볼 수도 있다. 가성비는 바로 돈(Money)을 중시해서 싸면서도 좋은 물건을 찾는 것이다. 그러면 가심비는 무엇인가? 바로 일하는 의미와 보람(Meaning)이다. 돈만으로 다 설명할 수 없는 의미를 소비생활에서도 찾을 수 있다. 또 하나, 우리는 사명감(Mission)으로 일해야 한다. 이제 소비에도 가격과 심리적 만족감을 넘어서는 인생의 목적과 사명에 연관된 '가영비'가 필요하다.

누구에게나 생소한 '가영비'는 '가격 대비 영성(靈性)'인 셈이다. 사명감으로 일해야 하듯이 소비도 영적 우선순위를 염두에 두어야 한다. 유다는 노동자의 1년 치 임금에 해당하는 향유 옥합을 깨뜨린 마리아를 이해할 수 없었다. 더구나 예수님의 발에다 향유를 부어 버린 것도 용납하기 힘들었다. 그런데 예수님은 마리아의 마음속 생각을 짚어 말씀하셨다. "그를 가만 두어 나의 장례할 날을 위하여 그것을 간직하게 하라"(7절).

마리아가 옥합을 깨뜨려 향유를 다 쏟으니 그 집의 식사 자리뿐만 아니라 온 동네에 향유 냄새가 가득했다. 지금도 향수 냄새가 오래가

듯이 향유 냄새는 오래 지속되는데 가장 냄새가 많이 밴 사람은 바로 예수님이었다. 일주일 후면 예수님이 십자가에 달려 죽임당하신다. 십자가 위에서도 예수님의 몸에서는 이 나드 향유 냄새가 남아 있지 않았겠는가? 십자가에서 예수님의 몸은 만신창이가 되었고 죽음의 고통을 겪었지만 예수님은 인류를 살리기 위한 생명의 향기가 되셨다.

우리는 가성비와 가심비를 따라 지혜로운 소비생활을 해야 한다. 또한 가영비도 실천하는 소비생활을 모색할 수 있어야 한다. 때로 하나님 나라를 위해 '충동적으로' 돈을 쓰는 용기를 낸다면 하나님을 기쁘시게 할 수 있다. 먼저 하나님 나라와 하나님의 의를 구하라고 하신 예수님의 말씀(마 6:33)을 명심하며 우리의 일을 하고 살아가야 한다.

온 세상 만물의 소유주이신 하나님께 기도한다.
"재물 얻는 능력을 주신 하나님, 제가 가진 모든 것은 주님이 은혜로 주셨습니다. 하나도 제 것이 없습니다. 가성비와 가심비로만 만족하지 말고 하나님이 기뻐하시는 영적 만족, 즉 가영비를 위해 가장 좋은 것도 아낌없이 하나님께 드리는 믿음을 허락해주소서. 무슨 일을 하든지 하나님의 영광을 위해서 하며 하나님 나라의 우선순위를 고려하며 살아갈 수 있도록 인도해주소서."

>>> 마태복음 27:45-50

피눈물 흘리는 아버지

자식을 잃은 부모의 심정을 말로 표현할 수 있을까? 자식이 죽으면 땅에 묻지 못하고 부모 가슴에 묻는다고 한다. 사람이 겪는 슬픔의 감정과 조금 다를 수는 있다고 해도 아들이 십자가에서 죽는 모습을 지켜본 하나님 아버지의 찢어지는 마음을 생각해보았는가? 하나님 아버지의 슬픔은 그야말로 피눈물이 흐르는 심정이었을 것이다. 아버지 하나님의 심정을 생각해보자.

예수님이 십자가에서 숨을 거두는 장면을 마태가 기록한다. "제육시로부터 온 땅에 어둠이 임하여 제구시까지 계속되더니 제구시쯤에 예수께서 크게 소리 질러 이르시되 엘리 엘리 라마 사박다니 하시니 이는 곧 나의 하나님, 나의 하나님, 어찌하여 나를 버리셨나이까 하는 뜻이라. 거기 섰던 자 중 어떤 이들이 듣고 이르되 이 사람이 엘리야를 부른다 하고 그중의 한 사람이 곧 달려가서 해면을 가져다가 신 포도주에 적시어 갈대에 꿰어 마시게 하거늘 그 남은 사람들이 이르되 가만 두라. 엘리야가 와서 그를 구원하나 보자 하더라. 예수께서 다시 크게 소리 지르시고 영혼이 떠나시니라"(마 27:45-50).

스페인 출신의 초현실주의 화가 살바도르 달리가 그린 〈십자가의 성 요한의 그리스도〉(Christ of St. John of the Cross, 1951)라는 작품이 있다. 그가 살던 리가트 포구의 모습을 화면 아래쪽에 그린 후 그 위에 하늘 높이 십자가에 못 박힌 예수를 그렸다. 이 그림이 특이한 것은 예수님이 위에서 내려다보이도록 그린 특이한 시점(視點)이다. 마치 예수님이 활동하셨던 갈릴리 호수 곁 어촌 위에 높이 매달린 십자가를 하나님이 바라보시는 듯하다.

위에서 바라본 십자가에 달린 예수님의 모습을 우리는 볼 수 없다. 오직 이 장면을 볼 수 있는 분은 하나님이시다. 우리가 십자가에 달린 예수님을 보는 시각과 하나님이 십자가에 달린 예수님을 보시는 시각은 다르다. 우리와 하나님의 시각은 어떻게 다를까? 우리는 십자가에 달린 예수님을 통해 구원 얻었으니 오히려 더 좋아한다. 나를 위해 돌아가신 예수님이시니 말이다. 그러나 아들 예수가 십자가에 달려 고통받아 죽은 모습을 보는 하나님 아버지의 심정은 찢어졌다.

"내 아버지여 만일 할 만하시거든 이 고통의 잔을 내게서 지나가게 하옵소서"(마 26:39)라고 절규하던 아들의 기도를 아버지는 이미 들으셨다. 그런데도 인간이 겪는 사형집행 방법으로 가장 고통스럽다는 십자가 형벌을 받게 하셨다. 손과 발에 못이 박히고 서서히 갈증으로 죽게 되는 극심한 고통이었다. 아들의 신음과 절규를 하나님은 다 들으셨다. 마지막 절규도 들으셨다. 태양은 빛을 잃어 깜깜했지만 그 속에서 외치는 아들의 음성을 아버지 하나님은 들으셨다. "나의 하나님, 나의 하나님, 어찌하여 나를 버리셨나이까?"

그리고 마지막으로 아들의 목소리가 들려왔다. "다 이루었다. 아버지, 내 영혼을 아버지 손에 부탁하나이다." 이후 예수님의 머리가 아래로 툭 떨어졌다. 인류의 모든 죄를 진 그분의 어깨가 허옇게 드러났다. 모든 것이 끝났다. 그때가 바로 아버지 하나님의 피눈물이 흘러내리는 순간이다. 십자가에는 바로 이런 사랑이 담겨있다. 아버지의 말로 표현할 수 없는 사랑, 그 피눈물 나는 사랑이 십자가에 담겨 있다.

하나님이 아들을 십자가에서 처절하게 죽게 하고 그 죽음을 기꺼이 감당한 아들 하나님의, 인간을 향한 사랑이 한껏 드러났다. 또한 십자가는 죄를 반드시 벌해야만 하는 하나님의 철저한 공의가 드러난 곳이다. 죄의 결과는 죽음이라고 하신 정의로운 원칙에 하나님은 결코 예외를 두지 않으신다. "죄의 삯은 사망이요 하나님의 은사는 그리스도 예수 우리 주 안에 있는 영생이니라"(롬 6:23).

이렇게 예수님의 십자가(Cross)는 하나님의 철저한 공의와 피눈물 나는 사랑이 만난(cross) 곳이다. 예수님과 함께 당신도 십자가에 못 박혔는가? "내가 그리스도와 함께 십자가에 못 박혔나니 그런즉 이제는 내가 사는 것이 아니요 오직 내 안에 그리스도께서 사시는 것이라. 이제 내가 육체 가운데 사는 것은 나를 사랑하사 나를 위하여 자기 자신을 버리신 하나님의 아들을 믿는 믿음 안에서 사는 것이라"(갈 2:20). 예수님의 십자가만이 당신 인생의 자랑인가? "그러나 내게는 우리 주 예수 그리스도의 십자가 외에 결코 자랑할 것이 없으니 그리스도로 말미암아 세상이 나를 대하여 십자가에 못 박히고 내가 또한 세상을 대하여 그러하니라"(갈 6:14).

십자가에 달린 예수님을 오랫동안 아래에서 바라봤지만 이제 십자가를 하나님의 관점으로도 바라봐야 한다. 아들을 버리신 아버지 하나님의 피눈물 흐르는 슬픔과 고통을 느끼고 아버지의 심정을 잘 읽어야 한다. 기꺼이 십자가에서 희생하신 예수님의 사랑을 기억하며 십자가만을 자랑으로 삼고 살아가야 한다.

사랑하는 아들을 버리신 하나님 아버지께 기도한다.

"사랑하시는 하나님, 죄인인 저만 사랑하신 것이 아니라 아들도 사랑하셨는데 성자 하나님이 왜 나를 버리셨느냐고 하나님께 절규하며 숨을 거두었습니다. 하나님의 삼위일체에 상상하기 힘든 심각한 위기가 생겼다는 생각이 들 정도입니다. 하나님의 크나큰 사랑으로 인한 구원에 감사하며 살아갈 수 있게 인도해주소서."

>>> 누가복음 23:33-43

'거기'에 가보셨나요

네덜란드 화가 렘브란트가 그린 〈십자가를 세우다〉(Raising of the Cross, 1633)라는 제목의 그림이 있다. 이 그림에는 투구를 쓰고 십자가를 세우기 위해 애쓰는 로마 군병들이 보인다. 그리고 예수의 처형을 당연하다는 듯이 바라보고 있는 유대교 지도자들도 보인다. 그런데 거기에 베레모 같은 모자를 쓴 현대인의 옷차림을 한 남자가 그려져 있다. 예수님이 못 박힌 십자가를 세우는 로마 군병과 함께 일으켜 세우려고 하는 모습이다. 그림과 참 어울리지 않는 이 사람은 과연 누구일까?

예수님이 십자가에서 고통받는 모습을 다룬 누가의 기록을 보자. "해골이라 하는 곳에 이르러 거기서 예수를 십자가에 못 박고 두 행악자도 그렇게 하니 하나는 우편에, 하나는 좌편에 있더라. 이에 예수께서 이르시되 아버지 저들을 사하여주옵소서. 자기들이 하는 것을 알지 못함이니이다 하시더라. 그들이 그의 옷을 나눠 제비 뽑을새 백성은 서서 구경하는데 관리들은 비웃어 이르되 저가 남을 구원하였으니 만일 하나님이 택하신 자 그리스도이면 자신도 구원할지어다 하고 군인들도 희롱하면서 나아와 신 포도주를 주며 이르되 네가 만일 유대인의 왕이면 네가 너를 구원하라 하더라. 그의 위에 이는 유대인의 왕이라 쓴 패가 있더라. 달린 행악자 중 하나는 비방하여 이르되 네가 그리스도가 아니냐. 너와 우리를 구원하라 하되 하나는 그 사람을 꾸짖어 이르되 네가 동일한 정죄를 받고서도 하나님을 두려워하지 아니하느냐. 우리는 우리가 행한 일에 상당한 보응을 받는 것이니 이에 당연하거니와 이 사람이 행한 것은 옳지 않은 것이 없느니라 하고 이르되 예수여 당신의 나라에 임하실 때에 나를 기억하소서 하니 예수께서 이르사되 내가 진실로 네게 이르노니 오늘 네가 나와 함께 낙원에 있으리라 하시니라"(눅 23:33-43).

예수님이 달리신 십자가 좌우에서 함께 달려 죽은, 성경이 '행악자'라고 표현하는 두 사람은 오늘 세상을 살아가는 두 부류의 사람을 잘 보여주고 있다. "네가 그리스도가 아니냐? 너와 우리를 구원하라"고 말했던 예수님 한쪽 편의 죄수는 어떤 마음이었을까? '내가 죽어가고 있는 것을 구경하고 있는 저 사람들과 비교해서 내가 뭐 그렇게 나쁘단 건가?' 이런 생각이 들었을까?

그런데 다른 편에 있던 죄수는 달랐다. 지금까지 그가 예수님에 대해 들었던 단편적 지식을 통해서도 예수님이 누구신가 깨닫고 자기 죄를 고백했다. 자기는 자신의 죄 때문에 죽을 수밖에 없는 존재임을 깨달았다. 그런 고백을 할 수 있었던 것은 그가 예수님을 믿었기 때문이다. "예수여 당신의 나라에 임하실 때에 나를 기억하소서."
그 죄수는 그날 예수님의 십자가 곁에서 함께 죽었지만 그 죽음으로
끝난 것이 아니었다. 예수님이 말씀하셨다. "내가 진실로 네게 이르
노니 오늘 네가 나와 함께 낙원에 있으리라."

렘브란트의 그림 〈십자가를 세우다〉 속의 어울리지 않는 어색한
인물은 바로 화가 자신이다. 렘브란트가 그린 자화상의 얼굴 모습으
로 바로 그 십자가 곁의 인물이 렘브란트 자신임을 확인할 수 있다.
렘브란트가 왜 어울리지 않게 자신의 모습을 예수님의 십자가 옆에
그려 넣었을까?

렘브란트는 자신에게 이렇게 질문하는 것이었다. "그때 너는 거
기에 있었는가?" 예수님이 십자가에 달려 돌아가신 지 2천 년이 되
어 가는데 오늘도 '거기 너 있었는가?'라는 흑인 영가가 애창되고 있
다. "거기 너 있었는가? 그때에. 주가 그 십자가에 달릴 때, 해가 그
밝은 빛을 잃을 때, 주를 그 무덤 속에 뉘일 때…. 때로 그 일로 나는
떨려 떨려 떨려. 거기 너 있었는가? 그때에."

오늘도 아버지를 피눈물 나게 하는 아들의 십자가에 달려야 할
사람이 있다. 바로 우리다. 우리가 거기 골고다에 있어야 한다. 주님
을 십자가에 못 박으려고 계획한 그 일을 함께한 사람이 바로 나다.
렘브란트는 이런 고백을 그의 그림 속에 담아 놓고 있다. 자기를 위
해 예수님이 십자가에 돌아가신다는 것을 알았던 한 죄수처럼 우리
도 깨달아야 한다.

우리 인생에서 꼭 가야만 할 '거기'(there)가 있다. 예수님이 십

자가에 달려 죽임당하신 갈보리 언덕, 그 십자가 곁이다. 그곳은 어둠과 죄와 죽음, 그리고 피와 속죄와 구원의 장소였다. 그곳에 가서 예수님과 함께 죽어야 기쁨과 영광의 '거기'에 갈 수 있다. 두 번째 거기는 영원히 예수님과 함께 사는 하나님 나라이다.

예수님의 십자가를 통해 구원의 은혜를 주신 하나님께 기도한다.

"구원받은 자에게는 십자가를 미련한 것이 아니라 능력이 되게 하신 하나님, 십자가를 통해서 세상에 하나님 나라가 드러나게 하셨습니다. 저에게도 구원의 은혜를 주시니 감사합니다. 저의 일터에서도 하나님의 능력인 십자가를 드러낼 수 있기 원합니다. 희생과 죽음은 힘이 없는 것 같지만 주님의 십자가가 능력임을 입증할 수 있도록 믿음을 더해주소서."

>>> 요한복음 20:24-29

부활하신 나의 주,
나의 하나님!

05
복음

김동리의 소설 「사반의 십자가」에 보면 예수님의 제자 도마를 열심당 출신으로 묘사한다. 예수님과 함께 십자가에 달린 죄수 중 한 사람이 민족주의 열심당 단장 사반이다. 사반이 예수님을 저주하며 죽었는데, 그가 예수님의 제자 공동체에 일종의 끄나풀로 보낸 사람이 도마라고 한다. 물론 문학적 상상이다.

하긴 도마가 제자 중 특이하긴 했다. 성경에 묘사되는 도마는 배짱이 좋고 용기가 있는 사람이었다. 유대인들의 위협이 있는 곳으로 가자는 예수님 말씀에 "우리도 주와 함께 죽으러 가자!"고 했다. 예수님이 부활하신 후에도 도마는 좀 튀는 행동을 했다. 예수님이 제자들의 모임에 오셨는데 도마는 빠졌다. 당시 제자들은 두려워 집 안에서 문을 잠그고 있었는데, 그때 도대체 도마는 어디에 가서 뭘 하고 있었을까?

부활하신 예수님이 제자들에게 다시 찾아오셨다. "열두 제자 중의 하나로서 디두모라 불리는 도마는 예수께서 오셨을 때에 함께 있지 아니한지라. 다른 제자들이 그에게 이르되 우리가 주를 보았노라 하니 도마가 이르되 내가 그의 손의 못 자국을 보며 내 손가락을 그 못 자국에 넣으며 내 손을 그 옆구리에 넣어 보지 않고는 믿지 아니하겠노라 하니라. 여드레를 지나서 제자들이 다시 집 안에 있을 때에 도마도 함께 있고 문들이 닫혔는데 예수께서 오사 가운데 서서 이르시되 너희에게 평강이 있을지어다 하시고 도마에게 이르시되 네 손가락을 이리 내밀어 내 손을 보고 네 손을 내밀어 내 옆구리에 넣어 보라. 그리하여 믿음 없는 자가 되지 말고 믿는 자가 되라. 도마가 대답하여 이르되 나의 주님이시요 나의 하나님이시니이다. 예수께서 이르시되 너는 나를 본 고로 믿느냐. 보지 못하고 믿는 자들은 복되도다 하시니라"(요 20:24-29).

부활하신 예수님이 제자들의 모임에 찾아오셨다. 놀랍고 반가운 그 모임에 도마는 없었다. 그런데 도마는 동료 제자들이 부활하신 예수님을 만났다는 말을 믿지 않았다. 열 명의 제자들이 "우리는 주님을 보았다"고 말해도 도마는 "나는 믿지 않겠다!"며 고집부렸다. 목격자 열 명이 믿는데 혼자 못 믿겠다니 여간한 베짱이 아니다. 도마는 예수님의 손에 난 못 자국을 보고, 그 못 자국에 손가락을 넣어 보고, 옆구리의 창 자국에도 그렇게 해보지 않고는 믿지 않겠다고 했다. 단순히 좀 의심이 간다는 정도가 아니라 아예 "믿지 않겠다"고 강력하게 부정했다. 도마뿐만 아니라 오늘날 많은 사람이 예수 그리스도의 죽음과 부활을 믿지 못한다. 부활뿐만 아니라 그분의 죽음마

저도 믿지 않는다.

아마 도마를 위한 배려인 듯 예수님이 도마도 함께 있는 제자들의 모임에 다시 찾아오셨다. 곧바로 도마에게 말씀하셨다. 개역개정판 성경에는 '네'(your)라는 표현이 두 번밖에 기록되지 않았지만 그리스어 성경의 '네'라는 표현을 살리면 이렇게 읽을 수 있다. "도마에게 이르시되 네 손가락을 네가 이리 내밀어 내 손을 네가 보고 네 손을 네가 내밀어 내 옆구리에 네가 넣어보라. 그리하고 네가 믿음 없는 자가 되지 말고 믿는 자가 되라."

왜 이렇게 예수님이 도마에게 '너, 너, 너'를 여러 차례 강조하셨을까? 도마가 "나는 못 봤으니 안 믿는다"고 선언하던 회의주의자였기 때문이다. 도마는 이렇게 말했다. "내가 그 손의 못 자국을 보며, 내 손가락을 그 못 자국에 내가 넣으며, 내 손을 그 옆구리에 내가 넣어보지 않고는 내가 믿지 아니하겠노라."

이렇게 "나, 나, 나, 내가 봐야 믿을 수 있겠다"고 하는 도마에게 예수님은 말씀하신다. "그래 너, 너, 너, 바로 너에 대해서 내가 관심이 있단다. 그러니 너, 너, 너도 믿어라." 이 얼마나 큰 은혜인가? 예수님의 은혜를 입은 도마의 고백을 들어보라. "나의 주님이시요 나의 하나님이시니이다!" 예수님은 이렇게 도마의 인생을 주관하는 주님이셨다. 죽음을 생명으로 바꿀 수 있는 분은 하나님뿐이심을 도마는 깨달았다.

재미있는 점은 도마의 이름 뜻이 '쌍둥이'라는 점이다. '도마'는 아람어이고, 또 다른 이름 '디두모'는 그리스어인데, 동일하게 쌍둥이라는 뜻이다. 정말 쌍둥이였는지 확인하긴 힘들지만 오늘 우리에게 주는 메시지가 있다. 의심 많은 도마의 나머지 한 형제는 누구일까? 바로 우리가, 부활하신 예수님을 '나의 주, 나의 하나님'이라고 고백하기를 예수님이 기대하신다.

도마는 부활하신 주님을 직접 확인하고 예수님이 인생의 주인이며 자신의 하나님이라고 고백했다. 채 문장을 끝맺지 못할 정도로 충격과 감화가 컸다. 그런데 예수님은 부활하신 주님을 보았기에 믿는 사람보다 보지 못하고 믿는 사람이 더 복되다고 하셨다. 보지 못하고 믿는 부활 신앙도 하나님이 주신 은혜이다.

아들 하나님을 죽음의 권세에서 다시 살리신 하나님께 기도한다.

"사망의 권세를 깨뜨리고 예수님을 다시 살리신 하나님, 도마의 고백처럼 부활하신 예수님이 나의 주님이시고 나의 하나님이십니다. 부활의 은혜와 능력으로 살아가게 하시고 부활하신 예수님을 일터와 세상에서 담대히 전할 수 있게 인도해주소서."

>>> 누가복음 24:28-35

퇴근길을 돌이켜
다시 출근하다

예수님의 부활 소식을 접한 사람이 처음에 느꼈던 기본적인 정서는 아마도 두려움이었을 듯하다. 부활하신 예수님을 만났지만 잘 알아보지 못한 경우도 있고 알아본 사람도 허둥대고 혼란스러워했다. 그런 상황에서 예수님이 제자들이나 사람들에게 부활을 확인시켜준 방법이 무엇이었을까? 그중 한 장면을 살피려고 한다. '엠마오 마을로 가는 두 제자' 라는 오래된 복음성가의 가사이기도 하다. "엠마오 마을로 가는 두 제자, 절망과 공포에 잠겨 있을 때 주 예수 그들에게 나타나시사 참되신 소망을 보여주셨네."

예수님이 엠마오 마을로 가는 제자들과 함께 걸어가셨다. "그들이 가는 마을에 가까이 가매 예수는 더 가려 하는 것같이 하시니 그들이 강권하여 이르되 우리와 함께 유하사이다. 때가 저물어가고 날이 이미 기울었나이다 하니 이에 그들과 함께 유하러 들어가시니라. 그들과 함께 음식 잡수실 때에 떡을 가지사 축사하시고 떼어 그들에게 주

210 | 일터에서 만난 예수님

시니 그들의 눈이 밝아져 그인 줄 알아보더니 예수는 그들에게 보이지 아니하시는지라. 그들이 서로 말하되 길에서 우리에게 말씀하시고 우리에게 성경을 풀어주실 때에 우리 속에서 마음이 뜨겁지 아니하더냐 하고 곧 그때로 일어나 예루살렘에 돌아가 보니 열한 제자 및 그들과 함께 한 자들이 모여 있어 말하기를 주께서 과연 살아나시고 시몬에게 보이셨다 하는지라. 두 사람도 길에서 된 일과 예수께서 떡을 떼심으로 자기들에게 알려지신 것을 말하더라"(눅 24:28-35).

예수님이 부활하신 그날, 예루살렘에서 서쪽으로 10km쯤 떨어진 엠마오 마을의 집으로 가던 두 사람이 있었다. 글로바라는 제자와 또 한 제자였다. 두 사람은 그날 아침의 절망스럽고 황당하던 일을 이야기하며 가고 있었다. 여인들이 부활하신 예수님을 봤다고 하는데 제자들은 믿지 않았다. 두 사람이 이런 이야기를 나누던 중 한 사람이 끼어들었고 그가 대화를 주도했다.

두 사람은 오래전 선지자들이 뿌려놓은 희망의 씨앗으로 민족의 해방과 구원에 관해 기대했다. 예수님을 만나면서 다윗 왕가를 복원할 분이라고 믿었으나 결국 십자가에서 처형당하고 말았다. 그런데 놀라웠다. 두 사람의 단편적인 이야기들은 그저 흩어진 조각에 불과했는데 이 낯선 사람과 함께 이야기를 나누니 선명한 그림이 그려졌다. 예수님이 두 사람의 이야기를 들어주고 가르쳐주셨다. 상담해주고 인생을 동행하며 코치해주셨다.

그런데 두 제자는 그 낯선 사람이 예수님인 줄 몰랐다. 우리도 두 제자처럼 예수님에 대해서 눈이 가려질 수 있다. 뭔가 아는 것 같고 오래 겪은 것 같은데, 결정적으로 눈앞에 있는 예수님을 제대로 못 볼 수 있다. 나의 슬픔과 고통이 너무 커서, 혹은 아프고 힘들어서 모를 수 있다. 그런데 괜찮다. '주 예수 우리에게 나타나시사' 새로운 소망을 주신다. 그분 예수님이 알려주신다. 말씀을 풀어주신다. 나중에 제자들은 이렇게 고백한다. "길에서 우리에게 말씀하시고 우리에게 성경을 풀어주실 때에 우리 속에서 마음이 뜨겁지 아니하더냐?" 그들의 심장이 불타는 듯했다고 한다.

또 하나, 하나님의 아들 예수님이 다시 살아나신 사건을 제자들이 느끼고 확인하게 하셨던 예수님의 방법이 있다. 그것은 바로 식사이다. 음식을 먹는 일은 평범하고 일상적이다. 예수님은 그 식사 자리에서 제자들에게 부활을 분명하게 보여주고 가르쳐주셨다. 누가복음이 전하는 식사 이야기는 부활이 일어난 바로 그날 저녁 무렵에 있었던 일이다.

드디어 두 사람의 집이 있는 엠마오 마을로 들어섰다. 길에서 만난 그 사람은 계속 가려고 하니까 글로바 일행은 날이 저물어 가니 하룻밤 묵어가라고 강권해서 결국 그 집에 들어가 함께 식탁에 앉았다. 그렇게 식사를 하게 되었는데 이 손님이 잠시 두 사람을 당황하게 했다. 유대인의 전통은 식사할 때 초대한 사람, 즉 주인이 축복기도를 하고 식사를 주관한다. 그런데 초대받은 손님이 떡을 들고 감사기도를 했다. 주인처럼 감사기도를 한 남자가 떡을 떼어 글로바와 다른 제자에게 나누어주었다.

어떤 느낌이 나는가? 예수님은 엠마오에 살던 제자의 집에서 있었던 식사 자리에서 "이것은 너희를 위하여 주는 내 몸이라. 너희가 이를 행하여 나를 기념하라"(눅 22:19)고 하셨던 바로 그 성만찬의 느낌을 보여주셨다. 결국 두 제자의 눈이 밝아져서 그 낯선 사람이 예수님이신 줄 알아봤다. 이렇게 예수님은 절망하여 집으로 돌아가는 제자들의 퇴근길에 동행하여 이야기와 식사를 통해 자신의 부활을 친히 알려주셨다.

두 제자가 낯선 사람이 예수님인 줄 깨닫자 예수님은 사라지셨다. 이때 글로바와 또 한 제자는 집에 머물지 않고 퇴근한 길을 되짚어 예루살렘으로 다시 출근했다. 그래서 제자들을 만나 그들에게 나타나신 예수님에 대해서 알렸다. 엠마오로 가던 제자들이 가고 온 그 출퇴근길을 이제 우리가 가야 한다. 우리가 퇴근길을 돌이켜 다시 출근하며 예수님의 부활 소식을 일터 동료들과 세상에 전할 수 있어야 한다.

엠마오로 가던 두 제자의 출퇴근길을 생각하며 하나님께 기도한다.

"예수님을 다시 살리신 능력의 하나님, 엠마오 마을로 가는 제자 중 한 사람의 이름은 글로바이고 한 사람의 이름은 알 수 없습니다. 그 한 사람이 바로 저라고 생각하겠습니다. 엠마오 길에서 제자들과 동행하신 예수님께서 오늘 세상으로 향하는 저의 길에 동행해주소서. 주님의 부활 소식을, 세상의 주, 온 우주를 다스리는 왕이 되신 예수님을 증거할 수 있도록 인도해주소서."

07
예수님 무덤 곁의 직업인들

예수님의 십자가와 관련된 사람들 중 여러 직업인들이 눈에 띈다. 예수님의 십자가 처형을 판결한 빌라도 총독, 예수님을 죽음으로 내몰았던 유대교 지도자들도 정치인, 종교인으로 직업인들이었다. 예수님을 고문하고 처형한 로마 군병들도 십자가 곁에 있던 직업인이었다. 그들이 십자가에 예수님을 못 박고 옷을 찢고 제비뽑아 가졌다. 예수님의 십자가 죽음 이후에도 몇몇 직업인이 등장한다. 예수님의 시신을 장례한 사람들이 있었는가 하면 죽은 예수님이 예언하신 대로 부활할까 염려하여 작당모의한 사람들도 있었다.

예수님의 빈 무덤 곁에서 예수님의 부활에 직간접적으로 관련된 직업인들을 살펴보자. "아리마대 사람 요셉은 예수의 제자이나 유대인이 두려워 그것을 숨기더니 이 일 후에 빌라도에게 예수의 시체를 가져가기를 구하매 빌라도가 허락하는지라. 이에 가서 예수의 시체를 가져가니라. 일찍이 예수께 밤에 찾아왔던 니고데모도 몰약과 침향 섞은 것을 백 리트라쯤 가지고 온지라. 이에 예수의 시체를 가져다가 유대인의 장례 법대로 그 향품과 함께 세마포로 쌌더라. 예수께서 십자가에 못 박히신 곳에 동산이 있고 동산 안에 아직 사람을 장사한 일이 없는 새 무덤이 있는지라. 이날은 유대인의 준비일이요 또 무덤이 가까운 고로 예수를 거기 두니라"(요 19:38-42). "여자들이 갈 때 경비병 중 몇이 성에 들어가 모든 된 일을 대제사장들에게 알리니 그들이 장로들과 함께 모여 의논하고 군인들에게 돈을 많이 주며 이르되 너희는 말하기를 그의 제자들이 밤에 와서 우리가 잘 때에 그를 도둑질하여 갔다 하라. 만일 이 말이 총독에게 들리면 우리가 권하여 너희로 근심하지 않게 하리라 하니 군인들이 돈을 받고 가르친 대로 하였으니 이 말이 오늘날까지 유대인 가운데 두루 퍼지니라"(마 28:11-15).

아리마대 사람 요셉은 드러내지는 못했지만 예수님을 따르는 제자였다. 그는 부자였고(마 27:57) 존경받는 공회원이었으며 하나님 나라를 기다리는 사람이었다(막 15:43). 이 사람은 선하고 의로운 사람이며 유대교 산헤드린 공회 의원으로 예수님을 처형하자는 결의에 찬성하지 않은 사람이었다(눅 23:50-51). 아리마대 요셉은 예수님이 십자가에서 처형당하시고 나자 결정적으로 자기의 정체를 드러냈다. "당돌히 빌라도에게 들어가 예수의 시체를 달라"(막 15:43)고 했다.

그는 더 이상 자신의 정체를 감추는 것은 무의미하다고 판단했다. 그런데 그가 예수님의 제자임을 드러낸 때야말로 지금까지 정체를 감추어온 요셉의 입장에서 보면 가장 위험한 때였다. 사형판결을 받아 죽은 죄수의 시체를 자신의 묘실에 매장한다면 그가 가진 신분이나 지위를 더 이상 유지하기 힘들었을지도 모른다. 그러나 요셉은 그 모든 손해와 위험을 감수하고 자신의 정체를 밝혔다.

예수님이 돌아가신 후 자신을 드러낸 직업인이 또 한 사람 있다. 역시 산헤드린 공회원으로 바리새인이었던 니고데모이다. 구원과 영생에 대한 관심을 가지고 밤에 예수님을 찾아와 대화했던 바로 그 니고데모였다. 예수님이 돌아가신 후 니고데모는 몰약과 침향을 섞은 장례용 향품을 32kg이나 가지고 찾아왔다. 마리아가 십자가에 달리시는 예수님을 위해 나드 향유를 발에 부어 장례를 예비했고 니고데모도 많은 향품을 드려 예수님을 장사 지냈다.

산헤드린 공회원이었던 요셉과 니고데모는 결정적일 때 자신들의 입지와 평판을 고려하지 않고 예수님의 장례를 위해 헌신했다. 자기가 할 수 있는 일을 통해 예수님의 제자임을 드러내고 하나님 나라를 위한 일에 자기가 가진 지위와 재물을 활용했다.

반면 예수님이 십자가에서 돌아가신 후 예수님의 빈 무덤을 확인하고 부활하심을 알려야 했음에도 예수님을 증거하고 믿을 기회를 끝내 포기한 직업인들이 있다. 예수님의 무덤을 지키던 군병들은 하나님의 놀라운 능력으로 무덤을 막은 돌문이 열리고 부활하신 예수님을 바로 곁에서 지켜본 증인들이었다. 그 장면을 지켜본 군인들은 '무서워하여 떨며 죽은 사람과 같이' 되었다. 군병들은 그 모든 일을 대제사장들에게 전했다.

그러나 대제사장들은 군병들이 목격한 그 놀라운 일을 하나님의 능력으로 인정하지 않았다. 하나님의 역사하심에 반응하기보다 자신들의 권력 유지와 입지 보전이 더 중요했기 때문이다. 자기들의 결정적 실수를 감추려고 그들은 군병들을 돈으로 매수해 예수의 시신을 제자들이 훔쳐 갔다는 소문을 내라고 주문했다. 그래서 마태가 복음서를 쓸 때도 많은 유대인은 예수의 부활에 대해 '시체 도적설'을 믿었다(마 28:15). 명백한 부활의 증거를 자신들이 믿지 않음은 물론 다른 사람이 믿을 기회도 막은 죄는 틀림없이 처벌받을 것이다.

막달라 마리아는 예수님의 십자가 곁을 지키고 예수님의 시신이 요셉의 무덤에 안치되는 것도 지켜보았다. 이 마리아가 부활하신 주님을 처음 만나보는 영광을 누렸다. 당시 제자들도 주님의 부활을 미심쩍어할 때에 예수님의 빈 무덤을 가장 먼저 발견하고 그 사실을 전했다. "내가 주를 보았다"(요 20:18). 우리도 마리아처럼 빈 무덤을 사람들에게 알리는 증인이 되어야 한다.

예수님의 부활을 지켜본 사람들의 경험을 배우고 버리기를 결심하며 기도한다.

"하나님 아버지, 예수님을 위해 자신의 입지를 포기하고 장례를 도운 사람들을 본받겠습니다. 잘못된 결정을 시인하고 회개하지 못하고 하나님의 능력을 부인한 사람들, 뇌물을 받고 헛소문을 낸 사람들과 같은 행동을 하지 않도록 도와주소서. 예수님 부활의 소식을 일터에서 사람들에게 널리 알릴 수 있도록 인도해주소서."

08

복음

>>> 마태복음 11:28-30

목수, 목자, 목사 예수님

1980년대 소도시에서 신학생으로 주일학교를 섬겼다. 그때만 해도 교회 여름성경학교에서는 지금은 추억거리인 라디오 드라마, 1인극, 인형극 같은 프로그램이 아이들에게 인기였다. 한 해 여름에 존 번연의 「천로역정」을 모노드라마로 꾸며서 땀을 뻘뻘 흘리면서 연기했던 적이 있다. 청중석에 있다가 무대로 올라가면서 등짐을 진 동작을 취하며 이렇게 시작했다. "어, 왜 이렇게 무겁지? 이 짐이 안 떨어져! 어떻게 해야 이 짐을 떼놓고 좀 편하게 지낼까?"

치열한 세상에서 살아가면서 참된 쉼, 충만한 안식을 누리고 있는가? 늘 부담이 있고 스트레스가 쌓여서 자고 나도 머리가 무겁지는 않은가? 예수님이 오늘 우리의 어려움을 잘 아신다. '수고하고 무거운 짐 진 자들'은 누구나 오라고 하신다.

예수님이 힘든 인생을 살아가는 우리에게 말씀하신다. "수고하고 무거운 짐 진 자들아 다 내게로 오라. 내가 너희를 쉬게 하리라. 나는 마음이 온유하고 겸손하니 나의 멍에를 메고 내게 배우라. 그리하면 너희 마음이 쉼을 얻으리니 이는 내 멍에는 쉽고 내 짐은 가벼움이라 하시니라"(마 11:28-30).

예수님은 성령으로 잉태된 하나님의 아들이지만 요셉의 집안에서 태어나셨다. 어린 시절부터 서른 살이 될 때까지 예수님은 가업을 이어 '목수'로 일하셨다. 목수의 노동을 친히 경험해보신 예수님이 말씀하신다. "내 멍에는 쉽고 내 짐은 가벼움이라." 이 멍에는 짐승들을 이용해 밭을 갈 때 목덜미에 씌우던 농기구이다. 가벼워야 소나 말이 덜 힘들고 일을 잘한다. 예수님은 가벼운 멍에를 많이 만들어보신 경험이 있는 목수이셨다. 또한 오늘 우리가 지고 있는 일이라는 멍에와 인생의 멍에를 가볍게 하실 분도 이 위대한 목수였던 예수님이시다. 예수님께로 오면 우리는 우리가 지고 가야 할 멍에를 가볍게 할 수 있다. 예수님께 멍에를 맡겨보라. '메이드 바이 지저스' 라벨이 붙은 멍에로 바꿔보라.

"수고하고 무거운 짐 진 자들아 다 내게로 오라. 내가 너희를 쉬게 하리라." 예수님의 이 말씀 속에서 우리는 '목자' 예수님의 모습을 본다. 성경의 목자는 주로 양을 키웠는데 양은 가축 중에서 가장 의존성이 강하다. 두려움도 많고 몸은 무겁고 다리는 가늘어서 넘어지면 혼자 일어나지도 못한다. 혼자서 할 수 있는 것이 아무것도 없을 만큼 목자를 의존한다.

우리도 이렇게 목자이신 예수 그리스도를 삶 속에서 전적으로 의존할 때 참된 안식을 누릴 수 있다. 우리 인생이 얼마나 고달픈지 예수님은 알고 계신다. 예수님이야말로 콘크리트 밀림 속에서 참된 안식을 유보한 채 살아가는 현대인들을 푸른 풀밭으로 인도하신다. 수고하고 무거운 짐을 지고 살아가는 인생의 고통을 목자 예수님은 다아신다.

예수님은 수고하고 무거운 짐을 진 우리에게 "내게 배우라"고 하신다. 여기서 '목사' 예수님의 이미지를 볼 수 있다. 율법을 가르치는 일이 구약의 제사장들에게 중요한 역할이었듯이 목사의 역할 중에도 하나님 말씀을 가르치는 일은 중요하다. 우리가 어떻게 하면 진정한 쉼을 얻을 수 있는지 가르쳐주시는 분이 이 세상에서 가장 완전하고 유일한 목사 예수님이시다.

예수님은 마음이 온유하고 겸손하시다. 그렇기에 우리에게 한 수 가르쳐주실 수 있다. 성질 급한 사람은 제대로 못 가르친다. 온유하신 예수님이 가르쳐주신다. 우리가 어떻게 하면 진정한 쉼을 얻을 수 있는지 잘 아시는 분이기에 목사 예수님은 잘 가르쳐주신다. 나를 위해 고난당하고 죽임당하신 예수님에게 참된 쉼과 안식을 배울 수 있다. 목수이고 목자이고 목사이신 예수님이 우리 짐을 덜어주고 평안으로 인도하신다. 이렇게 목수와 목자와 목사의 역할을 제대로 감당하기 위해 예수님은 십자가에서 목숨을 버리셨다. 그분이 오늘 일하는 제자들인 우리를 부르신다.

목수 예수님께 우리의 과중한 멍에를 모두 맡길 수 있다. 혼자 고민하지 않고 예수님께 나의 일과 관련된 고민거리들을 내놓아야 한다. 자기의 모든 문제를 목자 예수님께 내놓고 참된 안식을 누리는 것이다. 목사 예수님께 말씀을 배워야 한다. 온유하고 겸손한 성품을 제대로 배울 수 있도록 노력해야 한다.

6일간 세상을 창조하시고 7일에는 안식하셨던 하나님께 기도한다.

"하나님 아버지, 일과 관련된 모든 짐을 예수님께 와서 풀어놓습니다. 세상에서 무거운 짐을 지고 저 홀로 고민하지 않겠습니다. 목수이고 목자이고 목사이신 주님으로부터 참된 안식을 얻게 도와주소서. 저의 죄 짐을 감당하기 위해 목숨을 버리신 분, 제가 지고 가야 할 인생의 멍에와 짐을 가볍게 하기 위해 십자가에 달려 돌아가신 예수님을 늘 기억하며 일하고 살아가게 인도해주소서."

09
복음

소년이 죽는 줄 알면서도
수혈해준 이유는

미국 플로리다 주에 있는 공군기지의 신문인 〈Missileer〉에 베트남전에서 존 맨서 대령이 겪은 이야기가 실렸다. 베트남 마을의 한 고아원이 월맹군의 박격포 공격을 당했다. 선교사들과 두 아이가 죽었고, 몇몇 아이는 부상을 입었다. 그중 한 아이는 여덟 살 여자아이였는데 의료지원이 필요해 미군이 응했다. 군의관이 진단해보니 수혈이 긴급하게 필요했고, 몇 아이들의 혈액형이 소녀와 일치했다. 미군의 담당 의료요원은 서투른 베트남 말과 손짓 발짓으로 아이들에게 설명했다. 큰 부상을 당한 소녀에게 수혈하지 않으면 그 아이는 죽을 것이라는 내용을 전했다. 그러고 나서 수혈이 필요한 여자아이에게 피를 줄 수 있는 사람이 누군지 물었다.

예수님이 제자들에게 친구 사랑에 대해 말씀하셨다. "내 계명은 곧 내가 너희를 사랑한 것같이 너희도 서로 사랑하라 하는 이것이니라. 사람이 친구를 위하여 자기 목숨을 버리면 이보다 더 큰 사랑이 없나니 너희는 내가 명하는 대로 행하면 곧 나의 친구라. 이제부터는 너희를 종이라 하지 아니하리니 종은 주인이 하는 것을 알지 못함이라. 너희를 친구라 하였노니 내가 내 아버지께 들은 것을 다 너희에게 알게 하였음이라. 너희가 나를 택한 것이 아니요 내가 너희를 택하여 세웠나니 이는 너희로 가서 열매를 맺게 하고 또 너희 열매가 항상 있게 하여 내 이름으로 아버지께 무엇을 구하든지 다 받게 하려 함이라. 내가 이것을 너희에게 명함은 너희로 서로 사랑하게 하려 함이라"(요 15:12-17).

누가 피를 줄 수 있느냐고 물었을 때 어색한 침묵이 흐른 후에 헹이라는 소년이 머뭇거리며 손을 들었다. 그래서 의료요원은 재빨리 그 소년을 소녀 옆 매트에 누이고 혈관에 바늘을 꽂았다. 그런데 수혈이 시작되자 소년은 갑자기 얼굴을 손으로 가리고 흐느끼기 시작했고 이내 큰 울음소리로 변했다. 의료팀은 뭔가 잘못된 줄 알았다. 하지만 영어를 잘하는 베트남 간호사가 도착할 때까지는 소년과 제대로 의사소통을 할 길이 없었다.

도착한 베트남 간호사가 훌쩍거리는 소년과 베트남 말로 대화하기 시작했다. 베트남 간호사와 대화하며 소년은 점차 울음을 그치고 안심하고 만족스러운 표정을 지었다. 베트남 간호사가 미군 의료팀에게 그 소년의 특이했던 행동에 대해 설명해주었다. "이 아이는 자기가 죽어가고 있다고 생각했어요. 당신 말을 오해한 거죠. 이 수혈이 필요한 소녀를 살리기 위해서는 자기의 피를 모두 주어야 한다고 생각한 거예요."

놀라서 말문이 막힌 미군 간호사가 물었다. "그런데 어떻게, 왜 이 아이는 자기 목숨을 주는 것인 줄 알면서도 그런 일을 하려고 했을까요?" 베트남 간호사가 헹에게 물어보자 헹은 이렇게 대답했다. "그 애는 내 친구니까요"(노옴 웨이크필드, 「이스라엘에서 온 남자 모압에서 온 여자」, IVP, 150-151쪽).

베트남의 고아 소년 헹은 자기 친구를 위해 자기 목숨을 버릴 각오를 했다. 그리고 그렇게 피를 나누어주었다. 죽을 결심을 실천했더니 살아났다! 예수님이 제자들에게 말씀하셨다. "사람이 친구를 위하여 자기 목숨을 버리면 이보다 더 큰 사랑이 없나니 너희는 내가 명하는 대로 행하면 곧 나의 친구라"(13-14절). 이 말씀대로 예수님은 사랑하는 친구들을 위해 목숨을 버리셨다.

이것은 예수님 말씀대로 큰 사랑이다. 이보다 더 큰 사랑은 세상에 없다. 사람이 자기 목숨보다 더 아끼는 것이 있겠는가? 이 사랑이 바로 부활을 가져오는 희생의 사랑이다. 예수님의 십자가 희생이 이런 사랑을 보여주었다. 예수님은 친구를 위해 기꺼이 목숨을 버리셨다. 예수님이 말씀하신 대로 행하는 우리는 예수님의 친구로 큰 사랑을 받았다.

이제 우리는 무엇을 해야 하는가? 큰 사랑을 받은 우리는 사랑의 실천을 해야 한다. "내가 이것을 너희에게 명함은 너희로 서로 사랑하게 하려 함이라"(17절). 친구를 위해 목숨을 버리는 사랑을 실천하신 예수님은 우리도 친구를 사랑하기 원하신다. 친구에게 자기 피를 다 주고 자신은 죽더라도 친구를 살리려던 베트남의 고아 소년 헹처럼 말이다.

사랑하는 친구들을 위해 십자가에서 희생하고 부활하신 예수님을 따라 우리도 삶의 열매를 맺어야 한다. 큰 사랑을 받았으니 사랑의 실천을 하는 것은 당연하다. 일터의 동료들과 우리가 일로 섬기는 사람들을 사랑해야 한다. 당장 목숨 거는 사랑을 실천하기는 힘들지만 작은 일이라도 사랑의 실천으로 예수님의 친구 사랑을 우리도 실천해야 한다.

친구인 우리를 사랑하시되 끝까지 사랑하신 예수님을 기억하며 기도한다.

"사랑하시는 하나님 아버지, 친구를 위해 목숨을 버리신 예수님의 큰 사랑으로 구원의 은혜를 얻었습니다. 그 사랑에 감사하며 저도 친구들을 사랑할 수 있게 도와주소서. 받은 사랑은 당연히 감사하지만 그 사랑을 베푸는 일은 참 서툰 것이 인간의 본성적 연약함입니다. '그가 우리를 위하여 목숨을 버리셨으니 우리가 이로써 사랑을 알고 우리도 형제들을 위하여 목숨을 버리는 것이 마땅하니라'(요일 3:16)고 하신 말씀에 힘입어 친구 사랑을 실천할 수 있게 믿음과 용기를 허락해주소서."

>>> 누가복음 7:36-38,47-50

죄 용서받았는가? 사랑하자!

복음

우리는 살아가면서 당황스러운 일을 종종 겪는다. 그날 예수님도 상당히 황당한 일을 겪으셨다. 초대받아 간 식사 자리에 한 여인이 나타나서 향유를 예수님의 발에 붓고 눈물로 발을 씻기고 머리카락으로 닦았다. 초대한 사람의 무례도 황당했다. 주인은 손님에게 입맞추고 향유 한두 방울을 머리에 발라주고 손님이 발을 씻도록 편의를 봐주어야 하는데 그 집주인은 한 가지도 하지 않았다. 그리고 마지막 황당함은 이렇게 황당한 일을 당한 예수님이 보이신 반응이다. 과연 예수님이 어떻게 당황스러운 일을 처리하시는지 살펴보자.

자주 그러신 것은 아닌데 예수님이 한 바리새인의 초대에 응하셨다. "한 바리새인이 예수께 자기와 함께 잡수시기를 청하니 이에 바리새인의 집에 들어가 앉으셨을 때에 그 동네에 죄를 지은 한 여자가 있어 예수께서 바리새인의 집에 앉아 계심을 알고 향유 담은 옥합을 가지고 와서 예수의 뒤로 그 발 곁에 서서 울며 눈물로 그 발을 적시

226 | 일터에서 만난 예수님

고 자기 머리털로 닦고 그 발에 입맞추고 향유를 부으니 …이러므로 내가 네게 말하노니 그의 많은 죄가 사하여졌도다. 이는 그의 사랑함이 많음이라. 사함을 받은 일이 적은 자는 적게 사랑하느니라. 이에 여자에게 이르시되 네 죄 사함을 받았느니라 하시니 함께 앉아있는 자들이 속으로 말하되 이가 누구이기에 죄도 사하는가 하더라. 예수께서 여자에게 이르시되 네 믿음이 너를 구원하였으니 평안히 가라 하시니라"(눅 7:36-38,47-50).

아예 '죄인'이라고 불리는 한 여인이 어느 날 예수님을 찾아왔다. 한 바리새인의 집에서 예수님이 식사하신다는 소식을 듣고 온 것이다. 여인은 흐르는 눈물을 예수님의 발에 떨어뜨리고 자기 머리카락으로 깨끗하게 씻어서 흙먼지 묻은 발을 닦았다. 그리고 예수님의 발에 입 맞추고 그 발 위에 귀한 향유를 부었다. 여인의 이런 비상식적인 행동을 다른 사람은 이해할 수 없었다.

특히 예수님을 초대했던 바리새인 시몬은 더욱 이해할 수 없었다. 그러나 예수님은 여인의 행동에 뭔가 이유가 있다고 보셨다. 아마도 여인은 전에 예수님을 만난 적이 있고 예수님을 구원주로 믿는 믿음을 그때 가졌던 것으로 보인다. 여인은 자기가 받은 감격적인 구원에 감사하기 위해서 시몬의 집에서 파격적인 일을 계획한 듯하다. 그래서 향유 담은 옥합도 준비했다.

반면 바리새인 시몬은 만일 예수님이 선지자라면 그 여인이 죄인인 줄 알았을 것이라고 생각했다. 예수님이 시몬에게 짧은 비유를 말씀하셨다. 한 사람은 두 달 치 월급(50데나리온)을 빚졌고, 또 한 사람은 2년 치 월급(500데나리온)을 빚졌다. 둘 다 갚을 돈이 없었는데 그 빚을 탕감받았다면, 여기서 예수님이 "둘 중에 누가 그를 더 사랑하겠느냐?"(42절)라고 질문하며 핵심에 접근하셨다. 많은 빚을 탕감받은 채무자가 더 고마워할 것이라고 시몬이 대답은 참 잘했다.

무슨 말씀인가? 온 동네 사람이 놀랄 만큼 파격적이고 황당한 행동을 한 여인, 창기라고 비난받는 여인이 했던 행동은 바로 사랑이라는 뜻이다. 그러나 바리새인 시몬은 자기가 예수님의 비유 속 두 빚진 자 중에 하나라는 사실을 모른다. 여인이 죄인인 것은 틀림없었다. 그러나 시몬은 자신이 죄인이라고 생각하지 않으니 문제였다. 죄의 결과와 영향력으로 볼 때 큰 죄와 작은 죄가 있지만 어떤 죄나 다죄이기에 죄는 인간이 구원받을 수 없게 한다.

여인은 예수라는 분에게 하나님의 은혜가 있다는 사실을 인정하고 붙들었으며 그 결과 죄 사함을 받았다. 용서받아 감사하는 열정과 예수님을 사랑하는 마음이 불타올랐다. 그런 사랑을 표현했다. 이 열정과 사랑을 예수님은 믿음으로 보셨다. "네 믿음이 너를 구원하였으니 평안히 가라." 예수님이 이 여인의 믿음을 인정해주셨다.

우선 예수님은 "가라"고 하신다. 어디로 가야 하는가? 여인이 살던 터전으로 가야 한다. 그 여인의 집이든, 사창가이든 가서 그곳을 변화시키라고 사명을 주어 보내셨다. 또한 여인은 불안과 두려움을 가지고 왔으나 평안히 가게 되었다. 믿음으로 구원받았기 때문이다. "네 믿음이 너를 구원하였다." 여인은 믿음으로 구원받았다. 여인이 부은 값비싼 향유 때문에 구원받은 것이 아니었다. 여인의 안타까운 눈물 때문이 아니었다. 여인들이 귀하게 여겨서 함부로 풀어헤치지 않는 그 머리카락 때문에 구원받은 것이 아니었다. 바로 믿음으로 구원받았다.

"예수님이 나의 죄를 사하신 분이다. 나를 사랑하신 분이다." 이 사실을 믿음으로 구원받았다. 이 믿음으로 인해 여인은 예수님 말씀대로 샬롬의 삶을 살았다. 그래서 그 여인의 삶에 획기적 변화가 있었을 것이다. 직업의 전환이 있었고 삶의 태도에 변화가 분명히 있었다. 우리는 충분히 상상할 수 있다.

예수님은 용서받은 일이 적은 자는 적게 사랑한다고 하셨다. 우리도 죄를 용서받고 상처를 치유받았다. 그러면 여인처럼 사랑해야 한다. "주님을 사랑합니다. 사람들을 사랑하겠습니다." 아팠던 죄와 상처를 되새기면 되새길수록 사랑은 더욱 깊어져야 한다. 이제 사랑할 때이다.

죄인을 사랑하여 용서의 은혜를 베풀어주시는 하나님께 기도한다.

"사랑하시는 하나님, '하나님은 사랑이시라'(요일 4:16). 하나님의 사랑과 은혜로 용서받았습니다. 이제 어떻게 사랑을 표현할 것인가 궁리하게 하소서. 어떻게 주님을 사랑할 것인가, 어떻게 일터의 동료와 이웃을, 우리 민족, 세상 사람을 사랑할 것인가, 사랑할 방법을 고민하며 사랑을 실천할 수 있게 인도해주소서."

그러므로 내일 일을 위하여 염려하지 말라. 내일 일은
내일이 염려할 것이요 한 날의 괴로움은 그날로 족하니라. 마 6:34

험한
세상에서
믿음을
훈련하라

>>> 마가복음 2:1-5,9-12

01 믿음

조건의 장벽을 넘고 넘어

이스라엘 백성이 홍해에서 감격적 구원을 경험한 후 바로 맞닥뜨린 곳은 수르 광야였다(출 15:22). '수르'는 '장벽'이라는 뜻이다. 애굽이 중동지역의 팔레스타인 사람들과 동방 종족의 외침을 막기 위해 방어용 장벽을 세워놓은 광야이다. 장애물로 인해 지나기가 불편할 뿐만 아니라 더 견디기 힘든 고통이 있었다. 광야를 사흘이나 지나갔는데도 물이 없었다. 우리도 인생을 살면서 이런 장벽을 경험한다. 홍해의 구원 이후 만난 수르 광야가 우리가 살아가야 할 인생을 잘 보여준다. 누구나 인생의 장벽을 경험한다. 이 장벽을 어떻게 극복할 수 있을지 살펴보자.

젊은이가 중풍으로 무엇 하나 스스로 할 수 있는 것도 없다면 참 딱한 일이 아닐 수 없다! 이 사람이 예수님을 만날 수 있었다. "수 일 후에 예수께서 다시 가버나움에 들어가시니 집에 계시다는 소문이 들린지라. 많은 사람이 모여서 문 앞까지도 들어설 자리가 없게 되었는데 예수께서 그들에게 도를 말씀하시더니 사람들이 한 중풍병자를 네 사람에게 메워 가지고 예수께로 올새 무리들 때문에 예수께 데려 갈 수 없으므로 그 계신 곳의 지붕을 뜯어 구멍을 내고 중풍병자가 누운 상을 달아 내리니 예수께서 그들의 믿음을 보시고 중풍병자에게 이르시되 작은 자야 네 죄 사함을 받았느니라 하시니 …중풍병자에게 네 죄 사함을 받았느니라 하는 말과 일어나 네 상을 가지고 걸어가라 하는 말 중에서 어느 것이 쉽겠느냐. 그러나 인자가 땅에서 죄를 사하는 권세가 있는 줄을 너희로 알게 하려 하노라 하시고 중풍병자에게 말씀하시되 내가 네게 이르노니 일어나 네 상을 가지고 집으로 가라 하시니 그가 일어나 곧 상을 가지고 모든 사람 앞에서 나가거늘 그들이 다 놀라 하나님께 영광을 돌리며 이르되 우리가 이런 일을 도무지 보지 못하였다 하더라"(막 2:1-5,9-12).

젊은 중풍병자가 넘어야 할 첫 번째 조건의 장벽은 바로 그의 심각한 질병이었다. 혼자서는 꼼짝할 수 없는 신체적 어려움이었다. 감사하게도 그는 한동네에 사는 착한 이웃들의 호의로 예수님 앞에 가는 기회를 얻었다. 이 지체장애인뿐만 아니라 오늘날에도 많은 사람의 심각한 질병은 인생이 더 이상 앞으로 갈 수 없게 만드는 조건의 장벽이다. 보통 나이 많은 사람이 거동도 제대로 하지 못하는 질병으로 고통받지만 때로 젊은 사람이 이런 심각한 어려움을 겪기도 한다.

이 사람이 넘어야 할 두 번째 장벽은 사람이라는 조건이었다. 중풍병자는 그나마 친절한 이웃의 도움으로 예수님이 계신 집에 갔다. 질병의 장벽은 가까스로 넘어갈 수 있었다. 하지만 예수님이 계신 집에 왔지만 안으로 들어갈 수는 없었다. 그곳에는 너무나 많은 사람이 있어서 사람이라는 조건의 장벽이 너무 높았다. 나는 급한데, 내가 정말 긴급한 환자인데 기다리는 사람이 많아 예수님을 만날 길이 없는 상황이다. 이를 어쩌면 좋은가? 내가 급하다고 하면 사람들은 보통 "그것은 당신 생각일 뿐!"이라고 말한다. 하긴, 자신이 느끼는 긴급함만 주장할 수는 없다. 나보다 힘들고 어려운 사람도 많다. 우리도 세상에서 이런 사람의 장벽으로 인해서 어려움을 겪는다. 사람의 장벽은 어떻게 해야 해결할 수 있을까?

혼자 거동도 할 수 없는 딱한 중증 환자에게 길을 열어주는 사람이 없는 것을 알고 그를 데려온 사람들은 계단을 통해 지붕으로 올라갔다. 거기에는 더 이상 인간의 장벽은 없었다. 그러나 그곳에는 예수님이 계신 방으로 들어갈 입구가 없었다. 이것을 구조적 장벽이라고 말할 수 있다. 구조 자체가 용납하지 않는 까다로운 장벽이다.

그래서 중풍병자를 예수님 앞으로 데려가려던 네 사람은 고민했다. 고민 끝에 그들은 그 집의 지붕을 뚫기로 했다. 그 행동은 분명히 무례였고 사람들에게 불편을 주었다. 아마도 그들은 사람들에게 사과하고 나중에 그 지붕을 수리해주었을 것이다.

어쨌든 그렇게 해서 장벽들을 뚫고 예수님께 갔다. 그렇게 예수님 앞에 가니 문제가 해결되기 시작했다. 인생의 모든 장벽을 제거해주시는 예수 그리스도께서 이 중풍병자를 불쌍히 여기셨다. 사람들은 의심했지만 먼저 이 사람의 죄를 용서하고 병도 고쳐주셨다. 예수님은 중풍병자와 그를 데려온 사람들의 믿음을 칭찬하셨다. 남의 집 지붕을 뚫고 들어왔으나 이제 중풍병자는 자기 침상을 들고 사람들

사이를 지나 집으로 돌아갔다.

조건의 장벽을 넘어 믿음으로 예수님께 나아가면 인생의 문제가 해결된다. 우리는 인생의 장벽들을 두려워하지 말아야 한다. 물론 무시할 수도 없다. 장벽의 존재를 인정하고 주님께 나아가는 믿음, 어떻게 해서든 주님 앞에 가겠다는 열정으로 우리는 문제를 해결할 수 있다. 죄로 인해 하나님과 원수되어 중간에 막힌 담도 십자가로 소멸하고 허물어주신 예수님이(엡 2:14) 우리 인생의 장벽도 기꺼이 제거해주신다.

우리 인생의 모든 어려움을 알고 계시는 하나님께 기도한다.

"우리가 가진 모든 문제보다 크신 하나님, 인생의 근본적인 죄 문제를 해결해주신 예수님께 나아갑니다. 인생의 장벽을 스스로 해결하겠다는 저의 교만함을 꺾어주소서. 모든 장벽을 넘어 예수님께 나아가는 믿음을 주시기 원합니다. 그래서 저의 어려운 문제들이 해결되어 하나님께 영광이 될 수 있도록 인도해주소서."

>>> 마가복음 6:45-52

02
믿음

풍랑이 거세도 노 저으면
주님이 찾아오신다

우리는 평생에 걸쳐 일하며 살아간다. 요즘 은퇴가 앞당겨졌다고 하지만 노후의 삶도 인생 소명의 연장선상이라고 본다면 평생 일하는 것이 틀림없다. 그런데 이런 생각해봤는가? "어떻게 일하고 살아야 가족이나 동료, 사람들의 가슴에 남을만한 말이나 기억을 남길 수 있을까?" 또한 우리 자녀가 내가 일하는 어떤 모습을 보고 감화를 받을 수 있을지 생각해보았는가? 예수님과 제자들이 풍랑 몰아치는 바다에서 겪은 일을 통해 우리의 일터 상황 속에서 어떻게 일하고 살아야 할지 생각해볼 수 있다.

예수님의 말씀을 따라 제자들이 배를 타고 건너편으로 건너가려고 했다. "예수께서 즉시 제자들을 재촉하사 자기가 무리를 보내는 동안에 배 타고 앞서 건너편 벳새다로 가게 하시고 무리를 작별하신 후에 기도하러 산으로 가시니라. 저물매 배는 바다 가운데 있고 예수께서는 홀로 뭍에 계시다가 바람이 거스르므로 제자들이 힘겹게 노젓는 것을 보시고 밤 사경쯤에 바다 위로 걸어서 그들에게 오사 지나가려고 하시매 제자들이 그가 바다 위로 걸어오심을 보고 유령인가 하여 소리 지르니 그들이 다 예수를 보고 놀람이라. 이에 예수께서 곧 그들에게 말씀하여 이로시되 안심하라. 내니 두려워하지 말라 하시고 배에 올라 그들에게 가시니 바람이 그치는지라. 제자들이 마음에 심히 놀라니 이는 그들이 그 떡 떼시던 일을 깨닫지 못하고 도리어 그 마음이 둔하여졌음이러라"(막 6:45-52).

예수님은 남자만 5천 명이나 되는 큰 무리를 물고기 두 마리와 보리떡 다섯 개로 먹이는 엄청난 일을 하셨다. 그렇게 힘든 일이 있은 후에 예수님은 '즉시' 제자들을 재촉해 배를 타고 갈릴리 호수 건너편 벳새다로 가라고 하셨다. 큰일을 마쳤으니 쉬고 다음 날 아침에 가는 것이 아니라 힘든 일을 마친 그날 밤에 출발해야 하는 상황이었다. 예수님이 저녁에 재촉하여 제자들을 보내셨다.

이런 모습이 오늘 우리 일터를 잘 보여준다. 우리 일터도 이렇게 숨 돌리기 힘들 정도로 정신없이 돌아가지 않는가? 사실 일거리가 없는 것이 문제지 일이 계속된다면 감사한 환경이다. 물론 그래도 힘든 것은 감추기 힘들다. 그런데 예수님이 제자들만 그렇게 험한 바닷길로 보내셨던 이유가 있다. 또 큰일이 앞에 놓여있는데 그것을 제대로 하기 위해서 필요한 것이 있었기 때문이다.

제자들이 갈릴리 호수 건너편으로 건너가려고 하는데 쉽지 않았다. 풍랑이 거셌다. 갈릴리 호수에는 가끔 돌풍이 불어 닥친다고 한다. 작은 배는 뒤집히기도 한다. 그래서 제자들은 어떻게 했는가? 힘겹게 노를 저었다(48절). 당연히 두렵고 고통스러웠다. 그런데도 배의 노를 저었다는 것은 바람과 맞서서 이기려고 열심히 애썼다는 증거이다. 이 점이 중요하다.

평소에도 성실해야겠으나 어려움이 있을 때 더욱 열심히 하는 것은 중요하다. 능력이 뛰어난 것보다 위기를 헤쳐 나가기 위해 최선을 다해 노력하는 성실함이 더욱 귀하다. 어려움이 있을 때는 반짝 능력보다는 우직하게 그 어려움을 끝까지 인내하면서 감당하는 것이 문제를 해결하는 비결이기 때문이다. 제자들이 그렇게 했다는 사실이 중요하다.

제자들이 그렇게 열심히 하다 보니 예수님이 그들에게 찾아오셨다. 바다 위를 걸어서 그들에게 오셨다. 제자들이 유령이라고 생각했다니, 당연하다! 그들은 예수님을 보고 놀랐다. 그러나 그들은 알았다. 자기들이 괴롭게 노를 저을 때 그들을 바라보고 계신 분이 있었다는 사실을 깨달았다.

그들의 고통을 이미 알고 계신 예수님이 그들을 바라보다가 구하러 오셨다. 물 위를 걸어서 오시는 모습만 보아도 충분히 풍랑을 잠재우실 능력을 가진 분이었다. 예수님이 제자들에게 하신 말씀을 우리도 들을 수 있다. "안심하라! 내니 두려워하지 말라!"

일하면서 고통받을 때 주님이 가까이 오고 계심을 기억해야 한다. 특별한 방법으로 오실 수도 있다. 기적같이, 아니 기적으로 다가오셔서 속삭이듯 이렇게 말씀해주시는 음성을 들어야 한다. "고생 많았지? 그러나 내가 너를 지켜보고 있었단다. 그래서 내가 이렇게

급히 왔다. 너를 놀라게 하면서 왔다. 이제 안심해라!" 우리는 주님의
말씀에 힘입어 어려움을 헤쳐 나갈 수 있다.

고통이 있을 때 우리의 유일한 기도의 대상이신 하나님께 기
도한다.

"천지만물을 창조하신 하나님 아버지, 우리 일터 현장에 어려움이 없지 않
습니다. 주님께 기도하겠습니다. 주님이 찾아와 위로하고 어려움을 해결
해주소서. 노를 젓기 힘들 정도로 풍랑이 심하지만 주님이 우리를 찾아오
신다는 사실을 늘 기억하게 도와주소서. '안심하라! 내니 두려워하지 말
라!' 하시는 주님의 음성을 듣고 힘을 얻게 인도하소서."

>>> 마태복음 7:7-11

두 돌 아들에게 배운
'구찾두 기도'

03
믿음

기도가 무엇인가? 기도에 대한 여러 정의가 가능하지만 그중 하나, '기도란 자녀가 아버지에게 부탁하는 간절한 소원'이라고 생각한다. 예수님이 산상수훈에서도 이 개념을 말씀하셨다. 기도의 이 기본적인 정의를 나는 아들에게 배웠다. 지금은 취업해 일하는 아들이 두 돌을 앞두고 있을 때쯤이니 오래전 일이다. 대부분의 또래 사내아이들이 비슷했을 텐데, 아들도 굴삭기(포클레인)를 좋아했다. 당시 공사를 많이 하던 경기도 안산에 살 때였는데 길을 가다가 굴삭기를 만나면 한참 서서 구경하고 가야 했다.

예수님이 산상수훈에서 기도에 관해 말씀하셨다. "구하라. 그리하면 너희에게 주실 것이요 찾으라. 그리하면 찾아낼 것이요 문을 두드리라. 그리하면 너희에게 열릴 것이니 구하는 이마다 받을 것이요 찾는 이는 찾아낼 것이요 두드리는 이에게는 열릴 것이니라. 너희 중에 누가 아들이 떡을 달라 하는데 돌을 주며 생선을 달라 하는데 뱀을 줄 사람이 있겠느냐. 너희가 악한 자라도 좋은 것으로 자식에게 줄 줄 알거든 하물며 하늘에 계신 너희 아버지께서 구하는 자에게 좋은 것으로 주시지 않겠느냐"(마 7:7-11).

어느 날 저녁에 아들이 그림책과 가위를 나에게 가져왔다. 굴삭기가 그려진 면을 펼치곤 말했다. "오려, 오려!" 아내가 전에 잡지에서 예쁜 그림들을 오려주었던 것을 기억하고 굴삭기 그림을 오려달라는 뜻이었다. 아내가 아들에게 차근차근 설명했다. "대한아, 책에 있는 그림을 오린다고 해서 진짜 포클레인이 되는 건 아니야. 아빠가 2주일만 지나면 돌아오는 대한이 생일에 포클레인 장난감 사주신다고 했지? 조금만 기다리자."

그러자 아들이 당시 말은 제대로 못했지만 엄마가 하는 말을 알아듣기는 다 알아들었다. 가위도 내려놓고 그림책도 내려놓았다. 그런데 눈물을 뚝뚝 흘렸다. 울음소리도 안 내려고 입을 꼭 다물고 속울음을 울었다. 생일에 선물로 굴삭기 장난감을 받을 수 있다는 말을 다 알아들었지만, 그래도 그걸 너무 가지고 싶어서 그렇게 서럽게 울었다.

우는 아들을 안아 달래는 아비 마음이 무거웠다. 한편 이런 생각이 들었다. '야, 이게 바로 기도구나!' 두 돌도 안 지난, 세상 물정 모르는 어린 녀석이지만 이렇게도 간절히 굴삭기 장난감을 가지고 싶은데, 그 부탁 안 들어주면 낳아준 아비가 아니라고 생각했다. 그래서 생일도 되기 전에 아들과 함께 가서 굴삭기 장난감을 사주었다. 그것도 신제품 '뉴 포크'로 사주었다.

기도에 관해서 예수님이 가르치시는 교훈이 바로 그렇다. 우리가 하는 기도는 이렇게 자식이 아버지께 간절하고 안타까운 심정을 가지고 부탁하는 일과 다르지 않다. 하나님은 우리 아버지가 확실하지 않은가? 구하면 주실 것이요, 찾으면 찾아낼 것이요, 문을 두드리면 열릴 것이라고 하신다. 아들이 떡을 달라고 하는데 돌을 주며, 생선을 달라고 하는데 뱀을 줄 아버지는 없다. 하나님 아버지께서 구하는 자에게 좋은 것으로 주신다고 말씀하신다.

하나님이 우리 아버지라는 사실을 분명하게 기억하면 우리가 겪는 결핍과 어려운 문제를 하나님께 아뢸 수 있다. 우리 일터에서 맞닥뜨리는 어려움과 문제도 하나님의 손에 올려드릴 수 있다. 하나님은 일터에서 겪는 나의 힘든 일에 관심을 가지실 리는 없다고 생각하는가? 그렇지 않다. 막 취업해서 일터에서 좌충우돌하는 자녀가 직장생활 30년 넘게 하신 베테랑 아버지에게 자기의 어려움을 토로하듯 우리도 하나님께 우리 문제를 기도할 수 있다. 우리 인생의 모든 문제를 기도할 수 있고, 우리 일터에서 겪는 어려움에 대해 당연히 기도해야한다. 구하는 자에게 하나님은 좋은 것으로 응답해주신다.

예수님의 가르침대로 구하고 찾고 두드릴 수 있어야 한다. 아버지 하나님께 우리의 모든 문제를 '구찾두' 기도할 수 있다. 모든 것을 가장 잘 아시는 하나님께 우리가 일터에서 겪는 고민과 문제들도 다 올려드리면 하나님이 우리 삶에 개입하신다. 하나님이 좋은 것으로 주실 것을 확신하고 기도로 소통해야 한다.

"구하는 자의 기도를 들어주시는 아버지 하나님, 자식이 아버지께 간절히 부탁하는 심정으로 구하고 찾고 문을 두드립니다. 제가 할 수 있는 것이 아니라 하나님께서만 하실 수 있다는 믿음을 가지고 일터의 문제들을 하나님께 기도할 수 있게 도와주소서."

>>> 요한복음 5:1-9

04
민음

문제를 해결하고 싶은
의지가 있는가

우리 인생에는 언제나 문제가 있다. 아무 문제 없어 보이는 사람도 이야기 나누고 알아가면 고민도 알게 된다. "나는 아무 문제없다. 우리 회사와 부서에도 문제란 없다"고 장담하는 사람이 있다면 그게 바로 문제이다. 요즘에는 그렇지 않겠지만 내가 군생활을 할 때 한 지휘관은 병사들 집합자리에서 수시로 질문했다. "애로사항 있나?" 그런데 애로사항이 있다고 말할 수가 있나? 병사들은 언제나 우렁차게 마치 구호 외치듯 대답했다. "없습니다!" 2년 넘게 군생활을 하는 동안 한번도 "있습니다"라고 답한 적이 없었다. 말할 수 없으니 대답할 수 없었지만 문제가 무엇인지 모르면 난감하다. 우리 인생에서도 바람직한 문제의식을 가져야 한다.

예수님이 오래된 병을 앓고 있는 사람을 고쳐주시며 우리에게 교훈을 주신다. "그 후에 유대인의 명절이 되어 예수께서 예루살렘에 올라가시니라. 예루살렘에 있는 양문 곁에 히브리 말로 베데스다라 하는 못이 있는데 거기 행각 다섯이 있고 그 안에 많은 병자, 맹인, 다리 저는 사람, 혈기 마른 사람들이 누워 [물의 움직임을 기다리니 이는 천사가 가끔 못에 내려와 물을 움직이게 하는데 움직인 후에 먼저 들어가는 자는 어떤 병에 걸렸든지 낫게 됨이러라]. 거기 서른여덟 해 된 병자가 있더라. 예수께서 그 누운 것을 보시고 병이 벌써 오래된 줄 아시고 이르시되 네가 낫고자 하느냐. 병자가 대답하되 주여 물이 움직일 때에 나를 못에 넣어주는 사람이 없어 내가 가는 동안에 다른 사람이 먼저 내려가나이다. 예수께서 이르시되 일어나 네 자리를 들고 걸어가라 하시니 그 사람이 곧 나아서 자리를 들고 걸어가니라. 이날은 안식일이니"(요 5:1-9).

예루살렘에 올라가신 예수님이 베데스다 연못에 가셨을 때 그곳에 많은 병자와 장애인이 있었다. 그곳 베데스다에는 물이 움직일 때 천사가 내려오고 가장 먼저 연못에 들어가는 사람의 병이 낫는다는 전설이 있었다. 그곳에 38년이나 병을 앓고 있는 딱한 사람이 하나 있었다. 2~3년을 투병하는 것도 고통스러운데, 38년이라니! 그 안쓰러운 모습이 예수님의 눈에 띄었다. 예수님이 그의 깊은 병세를 아시고 질문하셨다. "네가 낫고자 하느냐?"

그런데 왜 예수님이 이런 질문을 하셨을지 생각해본다. 이 질문을 들은 그 병자는 혹시 이렇게 반문했을지도 모르겠다. "아니, 그걸 말씀이라고 하십니까?" 예수님은 너무나 당연한 질문을 하셨다. 그러나 38년 동안 병으로 고통받던 그 사람은 예수님께 이렇게 말했다. "주여, 물이 움직일 때에 나를 못에 넣어주는 사람이 없어 내가 가는 동안에 다른 사람이 먼저 내려가나이다."

자기는 절대 1등을 할 수 없다고 하소연했다. 혹시 자신에게 관심을 보이시는 예수님이 연못에 먼저 가는 결정적 도움을 주시리라 기대했을까? 그러나 이어지는 예수님의 말씀은 이 사람의 영혼의 잠까지 깨우기에 충분했다. "일어나 네 자리를 들고 걸어가라." 그는 아마도 직접 확인하지도 못했으면서 연못물이 움직일 때 1등으로 내려가면 혹시 나을지도 모르겠다는 기대가 있었다. 그런데 그의 고통이라는 근본적 문제가 이렇게 예수님이 긍휼히 여겨 베푸신 이적으로 인해 해소되었다.

결국 예수님은 그 병자에게 낫고 싶은 의욕이 있는지, 예수님이 능력이 있다는 사실을 믿고 있는지 확인하고 싶으셨다. 예수님은 오늘 우리에게도 이 질문을 하신다. "잘못된 관행에서 벗어나고 싶은가?" "복잡한 고민거리를 풀고 싶은가?" "일과 관련된 고질적인 문제를 해결하고 싶은가?" 예수님이 하실 법한 질문에 공감하는가? 우리는 연약하고 부족한 부분을 주님께 다 아뢰고 주님의 능력을 기대할 수 있다.

당신은 어떻게 대답하겠는가? "이 문제는 그저 제가 해결하겠습니다. 제가 주말까지 힘 좀 써서 이 일을 마치고, 교회 가서 뵙겠습니다." 심각하게 질문하시는 우리 주님을 머쓱하게 하지 말아야 한다. 예수님은 우리의 세상 속 고민거리를 해결해주고 싶어 하신다. 고민거리를 다 털어놓으라고 하신다. 우리가 일하면서 도저히 해결할 수 없다고 느끼는 문제들을 주님께 말씀드리면 된다. 38년 된 병자와 같이 고질적이고 도저히 풀기 힘든 관행의 매듭도 풀어주신다.

도저히 풀릴 것 같지 않고 두렵기도 한 비리와 부패의 얽히고설킨 실타래도 풀어주신다.

미봉책이나 외면하기와 같은 얄팍한 체념 대신 크고 작은 문제와 고민거리를 주님의 손에 올려드릴 수 있다. 숨기거나 감추지 말고 모두 주님께 아뢸 수 있다는 점은 우리의 귀한 특권이다. 안식일 문제가 불거져 곤경을 겪을 것을 아시면서도 기꺼이 38년 된 병자를 일으켜 세우신 주님이 우리의 어려움도 해결해주시리라 믿으며 기도해야 한다.

어려운 일을 푸느라 끙끙거리지 않고 하나님께 가져가 아뢴다.

"인생의 모든 고민거리를 다 들으시는 하나님, 저도 제가 가진 문제와 고통을 해결받기 원합니다. 일하면서 겪는 어려움을 주 하나님께 아뢸 수 있는 믿음을 주소서. 38년이나 된 심각한 병을 가지고 있던 사람도 주님의 긍휼히 여기심으로 고침 받았듯이 주님께 아뢰는 저의 문제들도 주님의 능력으로 해결해주시리라 믿으며 전적으로 주님만 의지하게 하소서."

>>> 마태복음 6:25-27,31-34

05

믿음

주님이 염려하지
말라고 하신다

성경에는 "너희는 염려하지 말라", "두려워하지 말라", "무서워하지 말고 기뻐하라"는 말씀이 550여 차례 기록되어 있다고 한다. 인간의 마음을 잘 아시는 하나님이 왜 그렇게 자주 말씀하시겠는가? 우리가 두려워하고 염려하기 때문이다. 두려움과 염려를 그만두어야 하는데, 그러려면 왜 염려하는지 생각해봐야 한다. 특히 직업인으로 살아가는 우리에게는 능력이 한계에 다다라서 염려하는 경우가 많다. 일터에서 능력 여부는 가장 기본적인 문제이다. 일과 관련된 문제이든, 경제적 측면이든, 인간관계이든 간에 도저히 풀리지 않고 더 이상 헤쳐 나갈 능력이 없어서 사람들은 걱정한다.

예수님이 산상수훈에서 우리의 '염려병'에 대한 처방을 알려주셨다. "그러므로 내가 너희에게 이르노니 목숨을 위하여 무엇을 먹을까 무엇을 마실까 몸을 위하여 무엇을 입을까 염려하지 말라. 목숨이 음식보다 중하지 아니하며 몸이 의복보다 중하지 아니하냐. 공중의 새를 보라. 심지도 않고 거두지도 않고 창고에 모아들이지도 아니하되 너희 하늘 아버지께서 기르시나니 너희는 이것들보다 귀하지 아니하냐. 너희 중에 누가 염려함으로 그 키를 한 자라도 더할 수 있겠느냐. …그러므로 염려하여 이르기를 무엇을 먹을까 무엇을 마실까 무엇을 입을까 하지 말라. 이는 다 이방인들이 구하는 것이라. 너희 하늘 아버지께서 이 모든 것이 너희에게 있어야 할 줄을 아시느니라. 그런즉 너희는 먼저 그의 나라와 그의 의를 구하라. 그리하면 이 모든 것을 너희에게 더하시리라. 그러므로 내일 일을 위하여 염려하지 말라. 내일 일은 내일이 염려할 것이요 한 날의 괴로움은 그날로 족하니라"(마 6:25-27,31-34).

염려는 사람의 감정을 망가뜨린다. 염려하면 안절부절못한다. 짜증이 난다. 당연히 기쁨과 웃음이 사라지고, 심하면 공황장애 같은 질병으로도 발전한다. 내 안에 염려가 있는가 없는가 확인하는 방법이 있다. 내 안에 기쁨이 있는지 살펴보는 것이다. 기쁨이 있는지 확인해보라. 언제나 그렇지는 않아도 즐거움을 느끼는가? 그럼 염려에 사로잡히지 않았다. 염려가 가득한 사람은 누가 재미있는 이야기를 해도 시큰둥하다. 염려는 몸을 망가뜨린다. 심장병에 걸리게 만든다. 소화가 안 된다. 손발이 차가워진다. 긴장으로 인해 두통이 끊이지 않는다. 가슴이 답답하고 잠도 잘 안 온다. 변비도 생긴다. 스트레스로 인해서 과민성 대장 증상도 온다. 이렇게 염려는 감정뿐만 아니라 우리 몸도 망가뜨린다.

무엇보다 염려는 사람을 부정적으로 만들어서 문제가 크다. 염려가 많다 보면 사람이 삐딱해진다. 뭘 해보려는 의욕도 없고 반대만 한다. 그래서 염려하는 사람은 꿈꾸지 못한다. 이렇게 염려로는 직면한 문제를 해결할 수 없다. 산상수훈을 통해 예수님이 말씀하시는 교훈이 우리 염려 문제의 정곡을 찌른다. "너희 중에 누가 염려함으로 그 키를 한 자라도 더할 수 있느냐?" 염려한다고 문제를 해결해주는 능력이 생기지 않는다는 말씀이다. 염려는 믿지 않는 태도이다. 하나님을 향한 믿음, 하나님을 향한 기대가 없는 상태이다. 염려하면 결국 하나님을 믿지 않는 불신앙이 되고 만다.

예수님이 지적하시는 대로 우리의 염려는 먹고 마시고 입는, 의식주 문제가 대부분이다. 그런 일로 염려하지 말라고 주님이 말씀하신다. 목숨이 음식보다 중요하고 몸이 옷보다 중요하기 때문이다. 염려하는 것은 이방인의 태도임을 기억해야 한다. 예수님이 결론적으로 말씀하신다. "너희는 먼저 그의 나라와 그의 의를 구하라. 그리하면 이 모든 것을 너희에게 더하시리라"(33절). 염려하는 마음이 생기는 것이야 어쩔 수 없겠으나 그때 하나님을 향한 믿음을 가지고 하나님 나라를 위한 거룩한 갈급함을 드러내는 훈련을 할 수 있다.

우리가 염려하는 바가 무엇인지, 예수님이 지적하시는 '모든 것'을 점검해야 한다. 왜 자동차를 바꾸어야 하고 직장을 옮겨야 하는가? 집을 사는데 영혼까지 끌어서 사야 하고 아파트 평수를 늘려 옮겨가야 하는 이유가 무엇인지 확인해봐야 한다. 하나님 나라를 위해서 필요하고 합당한지, 하나님과 나의 관계를 고려해서 하나님의 자녀로서 괜찮은지, 우선순위를 꼭 확인해보아야 한다. 그렇게 확인했으면 우리는 '모든 것'을 하나님이 기뻐하시는 방향으로 시도할 수 있다. 이런 노력을 할 때 우리는 '염려병'으로부터 벗어날 수 있다.

예수님이 말씀하시는 염려의 근원은 결국 죄다. 우리 삶 속의 모든 염려가 죄로부터 출발한다. 아담이 하나님 앞에서 범죄했을 때 보였던 반응이 바로 두려움이고 염려였던 것을 기억하면 알 수 있다. 염려하고 두려운 마음이 들 때 하나님 앞에서 자신의 마음을 돌아볼 수 있어야 한다. 하나님이 주시는 은혜를 통해 믿음을 더욱 굳건하게 할 수 있도록 노력해야 한다.

인생의 우선순위를 점검하라는 예수님의 말씀을 기억하며 기도한다.

"저의 필요를 저보다 더 잘 아시는 하나님, 늘 공급하시고 인도해주시는 하나님을 믿는 믿음으로 염려하지 않을 수 있게 인도해주소서. '아무것도 염려하지 말고 다만 모든 일에 기도와 간구' 할 수 있기를 원합니다. 하나님 나라의 우선순위를 먼저 생각하는 믿음을 저에게 허락해주소서."

>>> 마태복음 15:21-28

06
믿음

예, 주님!
개가 되어도 좋습니다!

평생 5만 번 기도 응답을 받았다고 알려진 '고아들의 아버지' 조지 뮬러에 대해 사람들은 그가 언제나 기도만 하면 다 하나님의 응답을 받아 어려움이 없었다고 생각한다. 하지만 6년간이나 계속 극심한 시련 가운데 지낸 때도 있었다. 한번은 아이들에게 아침 식사를 마련해줄 양식이 없었다. 조지 뮬러는 아이들을 빈 식탁에 앉히고 감사기도를 드렸다. 그러나 아이들을 먹일 빵은 없었다. 조금 후 대문을 요란스럽게 두드리는 소리가 났다. 동네에서 음식점을 하는 이웃들이 전날 밤 남은 빵이며 고기를 잔뜩 담은 바구니를 들고 문밖에 서 있었다. 이런 기도의 응답을 체험하면서 뮬러는 "믿음을 강하게 하는 유일한 길은 믿음의 연단뿐이다"라는 말을 자주 했다.

예수님이 가나안 여인을 만나 그의 딸을 고쳐주시는 과정을 통해 여인의 믿음에 대해 배울 수 있다. "예수께서 거기서 나가사 두로와 시돈 지방으로 들어가시니 가나안 여자 하나가 그 지경에서 나와서 소리 질러 이르되 주 다윗의 자손이여 나를 불쌍히 여기소서. 내 딸이 흉악하게 귀신 들렸나이다 하되 예수는 한 말씀도 대답하지 아니하시니 제자들이 와서 청하여 말하되 그 여자가 우리 뒤에서 소리를 지르오니 그를 보내소서. 예수께서 대답하여 이르시되 나는 이스라엘 집의 잃어버린 양 외에는 다른 데로 보내심을 받지 아니하였노라 하시니 여자가 와서 예수께 절하며 이르되 주여 저를 도우소서. 대답하여 이르시되 자녀의 떡을 취하여 개들에게 던짐이 마땅하지 아니하니라. 여자가 이르되 주여 옳소이다마는 개들도 제 주인의 상에서 떨어지는 부스러기를 먹나이다 하니 이에 예수께서 대답하여 이르시되 여자여 네 믿음이 크도다 네 소원대로 되리라 하시니 그때로부터 그의 딸이 나으니라"(마 15:21-28).

예수님이 두로와 시돈 지방에서 만난 한 여인이 있었다. 유대인이 아닌 가나안 여인이었다. 귀신 들린 딸을 고쳐달라고 예수님께 간절히 부르짖었다. 여인의 간청하는 고함이 사람들 귀에 거슬렸다. 그런데 예수님의 대답은 예상 밖이었다. "자녀의 떡을 취하여 개들에게 던짐이 마땅하지 아니하니라." 이스라엘 집의 잃어버린 양에게 전도하라는 '선교 정책'(24절)과 연관해 이방 여인을 차별하는 듯한 말씀을 하셨다.

집안에 오랜 환자가 있는 사람들은 신경이 예민하고 지쳐 있다. 보통의 감정이라면 여인은 예수님께 욕을 퍼붓고 돌아갈 만했다. 요즘 같으면 예수님의 말씀은 더욱 심각한 비난을 받을 수 있었다. 외국인 차별에, 여성 차별적 발언이었다. 더하여 '개'라는 모욕적 비유로 비난받을 만한 발언을 예수님이 하셨다.

예상 못한 예수님의 냉대를 받고도 여인은 대답했다. "주여 옳소이다"(Yes. Lord. NASB). 이 말은 자신이 개라는 뜻이다. "주님이 개라고 하시면 백 번이라도 개가 되겠습니다. 하지만 주인이라면 개를 먹여 살려주셔야 하지 않습니까?" 안타까운 순종과 지혜로운 믿음을 담고 있는 대답이었다. 이것이 바로 '예스 로드 믿음'이다. 여인은 예수님의 말씀에 수긍했다.

이 믿음은 지저분하고 성적 타락의 암시까지 담겨 있는 '개'라는 말을 수긍할 만큼 비굴해져서라도 딸의 병을 고치려는 집착만은 아니었다. 그렇게 말씀하시는 분이 바로 예수님이시기에, 많은 병자를 고치시는 바로 그분을 믿는 열정과 간절함이 이 예스 로드 믿음에 담겨 있다. 또한 자신을 낮추는 겸손과 재치와 인내가 이 예스 로드 믿음 속에 모두 들어 있다. 주님이 칭찬하시며 여인의 간절한 바람을 들어주셨다. "여자여, 네 믿음이 크도다! 네 소원대로 되리라." 그때로부터 이 여인의 딸이 나았다.

"믿음을 강하게 하는 유일한 길은 믿음의 연단뿐이다." 조지 뮬러의 고백이 이 가나안 여인에게 딱 들어맞는다. '네 믿음이 너를 구원' 했다는 말씀은 예수님이 종종 하셨지만 '큰 믿음' 이라고 칭찬하신 사람은 복음서에 거의 없다. "이스라엘 중에서도 이만한 믿음은 만나보지 못하였노라"(눅 7:9)고 칭찬하신 로마군 백부장 정도이다. 두 사람 다 자신의 병을 위한 기도가 아니라 딸과 종의 병을 고쳐달라고 간구한 경우였다. 또한 두 사람 다 이방인이었다. 두 사람 다 예수님을 전적으로 신뢰하여 최상의 믿음이라고 칭찬받았다.

어떤 힘든 상황이 앞에 닥쳤을 때 주님만을 의지하는 믿음을 가졌는지 자신을 돌아보자. 가나안 여인처럼 "주여, 저를 도우소서!"라고 간절하게 소리치며 예수님만 의지해야 한다. 이방인이기에 '자녀'가 아니라 '개'라고 시험하셔도 삐치지 않고 수긍하던 여인의 '예스 로드 믿음'을 배울 수 있다. "네 믿음이 크도다!"라고 예수님의 칭찬을 들을 수 있도록 우리도 노력해야 한다.

가나안 여인의 간절한 심정을 마음에 담으며 하나님께 기도한다.

"자녀들의 기도를 들어주시는 하나님, 인생에서 어려움을 겪을 때 주님께 모든 것을 맡기며 간절히 부르짖어 기도할 수 있도록 인도해주소서. 주님이 하시는 말씀에 언제나 '주여, 옳소이다!'라고 반사적으로 반응할 수 있도록 '예스 로드 믿음'을 저에게도 허락해주소서."

07 믿음

일하시는 예수님이
이렇게 기도하셨다면

크리스천들이 일하면서 그 일은 신앙과 별 관계가 없다고 생각하는 경우가 있다. 하지만 일과 신앙은 밀접한 관계가 있다. 일과 기도역시 따로 떨어져 있지 않다. 가나안 땅을 정복할 때 여호수아가 기브온 사람에게 속아 화친을 맺었던 적이 있다. 그들은 낭패를 본 후에야 '아차! 기도하지 않았구나!' 하며 후회가 막심했다. 그들의 일처리가 허술했던 것은 아니다. 증거물이라고 할 수 있는 여러 정황을확인했다. 그런데 어떻게 하면 좋은지 하나님께 기도하지는 않았다(수 9:14-15). 일하면서 기도하는 모범을 하나님의 아들이신 예수님을 통해 배울 수 있다.

예수님은 일과 기도를 잘 조화시키셨다. "저물어 해 질 때에 모든병자와 귀신 들린 자를 예수께 데려오니 온 동네가 그 문 앞에 모였더라. 예수께서 각종 병이 든 많은 사람을 고치시며 많은 귀신을 내쫓으시되 귀신이 자기를 알므로 그 말하는 것을 허락하지 아니하시니라. 새벽 아직도 밝기 전에 예수께서 일어나 나가 한적한 곳으로 가사 거기서 기도하시더니"(막 1:32-35). "예수의 소문이 더욱 퍼지매 수많은 무리가 말씀도 듣고 자기 병도 고침을 받고자 하여 모여오되 예수는 물러가사 한적한 곳에서 기도하시니라. …이때에 예수께서 기도하시러 산으로 가사 밤이 새도록 하나님께 기도하시고 밝으매 그 제자들을 부르사 그중에서 열둘을 택하여 사도라 칭하셨으니"(눅 5:15-16, 6:12-13).

예수님은 공생애 사역을 시작하기 전에 목수로 일하셨다. 목수는 사람들의 집과 건물, 생활 도구를 만들고 동네의 다리를 축조하고 배를 짓는 일을 했다. 마치 하나님이 세상을 창조하셨듯이 세상을 위해 만드는 일을 하셨다. 또한 공생애 기간에도 말씀 사역과 함께 병자들을 고치고 귀신을 쫓아내면서 하나님 나라를 보여주고 실현하는 일을 하셨다.

공생애 전에 기도하셨던 기록은 없지만 공생애를 시작하여 사역하시면서 예수님은 늘 하나님께 기도하셨다. 세례를 받으면서도 기도하셨고(눅 3:21), 광야에서 40일간 금식하실 때도(막 1:12-13) 기도를 많이 하셨을 것이다. 저물어 해질 때에 몰려온 많은 병자를 치유하고 귀신을 쫓아내신 후 다음 날 새벽에 일어나 기도하셨다(막 1:32-35). 바쁜 일정에도 불구하고, 아니 오히려 어쩌면 바쁜 일정을 위해서 더욱 기도하셨다. 종교개혁자 마틴 루터도 평소에 두 시간을 기도하다가 바쁜 일이 있을 때는 더 오랜 시간을 기도했다. 기도시간을 통해 예수님은 하나님이 어디로 가서 어떤 일을 하라고 하시는지 하나님의 뜻을 깨닫고 다른 마을로 가서 전도하셨다(막 1:38-39).

특히 누가복음은 예수님이 기도하심을 통해 자신을 드러내시고 하나님의 뜻이 분명해짐을 보여준다. 엠마오 마을로 가던 제자의 집 식탁에서 예수님은 음식을 앞에 두고 축복기도를 하셨다. 그러자 제자들의 눈이 밝아져 예수님이신 줄 알아봤다. 이렇게 일과 기도는 예수님의 사역에서 밀접한 관계였다. 예수님은 중요한 일을 앞두었을 때는 더욱 특별히 기도하셨다. 자신을 따르는 사람 가운데 열두 명의 제자를 택하기 전에도 밤을 새워 기도하셨다(눅 6:12). 사역을 마칠 무렵 십자가 형벌을 앞두고 예수님은 겟세마네 동산에서 피땀을 흘리며 기도하셨다(막 14:32-41). 전능하신 하나님의 아들이셨지만 인류의 구원을 위한 중요한 일을 앞에 두고 예수님은 하나님의 뜻을 구하며 기도하시지 않을 수 없었다.

때로 주님은 기도를 위해 하던 일을 포기하신 적도 있다. 예수님에 대한 소문이 더욱 퍼져 인기가 높아지자 많은 사람이 말씀도 듣고 병 고침을 받으려고 몰려왔다. 그때 예수님은 한적한 곳으로 가서 기도하셨다. 일을 위해 기도하셨지만 때로 그 일을 포기하고 기도에 집중해야 할 때가 있음을 우리에게도 알려주신다(눅 5:15-16).

일하시던 예수님은 오늘 우리 크리스천 직업인에게 일과 기도의 관계에 대해서 중요한 교훈을 알려주신다. 하나님의 아들이신 예수님이 기도하며 일하셨다면 연약한 인간인 우리는 일하면서 당연히 기도해야 하지 않는가?

예수님처럼 우리도 일을 위해 기도해야 한다. 우리 일터에 복을 내려 달라고 기도할 수 있다. 시대의 현실과 위기를 위해, 미래를 전망하며 기도할 수 있다. 일하기 전에도 기도해야 한다. 일할 때는 기도하는 심정으로 일하고 급한 일이 닥쳤을 때 더욱 기도할 수 있다. 새벽에 기도하신 주님의 본을 받아 잠을 조금 줄이고 일찍 출근해서 기도한다면 하나님이 기뻐하시지 않겠는가? 우리가 기도할 때 하나님이 일하심을 경험할 수 있다.

일하시는 예수님의 특별한 기도 생활을 본받아 기도한다.

"일하는 사람의 기도에 응답하시는 하나님, 저의 일을 위해 기도하겠습니다. 도저히 이룰 수 없어 보이지만 꼭 해야 하는 일이 있을 때 하나님의 능력을 구하며 기도하게 도와주소서. 중요한 결정뿐 아니라 일터에서 해야 하는 일상적인 일들도 주님께 기도하겠습니다. 기도하지 않고는 일하지 않게 인도해주소서."

08

믿음

>>> 요한복음 14:1-3

퇴근 훈련을 합시다

은퇴 이후 삶을 다룬 영화 〈어바웃 슈미트〉(About Schmidt, 2003, 알렉산더 페인 감독)에서는 슈미트가 멍하니 앉아 시계를 응시하면서 정각 다섯 시가 되기를 기다리는 장면이 나온다. 다섯 시가 되자 벌떡 일어나 퇴근한다. 그런데 그날은 평생 보험회사에서 일한 슈미트가 정년퇴직하는 날이었다. 근무를 마치고 집으로 간다는 의미의 '퇴근'에는 함축된 상징성도 있다. 하루의 일을 마치는 퇴근은 지금 나의 일터에서 일을 그만하고 물러나는 '퇴사'의 상징도 담고 있다. 아예 일하기를 마치고 인생의 새로운 2막 인생으로 출발하는 '은퇴'라는 상징도 퇴근에 포함되어 있다. 또 하나는 인생에서 물러나 영원히 퇴근하는 '죽음'이라는 상징도 담고 있다. 예수님의 '퇴근사'를 통해 우리 인생에서 중요한 퇴근 훈련을 생각해볼 수 있다.

십자가를 앞둔 예수님이 제자들에게 비장한 말씀을 하셨다. "너희는 마음에 근심하지 말라. 하나님을 믿으니 또 나를 믿으라. 내 아버지 집에 거할 곳이 많도다. 그렇지 않으면 너희에게 일렀으리라. 내가 너희를 위하여 거처를 예비하러 가노니 가서 너희를 위하여 거처를 예비하면 내가 다시 와서 너희를 내게로 영접하여 나 있는 곳에 너희도 있게 하리라"(요 14:1-3).

직업인이 날마다 하는 퇴근은 작은 단위의 '마감'이라는 중요성을 가지고 있다. 오늘도 하루의 일을 마칠 수 있어서 감사하고 가정으로 돌아간다는 의미도 담고 있다. 인생에서 중요한 일을 하다가 인생의 기반인 가정으로 돌아가는 거룩한 습관을 일종의 의식(ritual)처럼 훈련하면 좋다.

다윗이 망명생활을 할 때 참 고단하게 퇴근했다. 자기를 추격하는 사울 왕을 죽일 수 있는 상황에서도 그를 살려준 다윗이 사울과 헤어지는 모습을 애잔하게 기록하고 있다. "사울은 집으로 돌아가고 다윗과 그의 사람들은 요새로 올라가니라"(삼상 24:22). "다윗은 자기 길로 가고 사울은 자기 곳으로 돌아가니라"(삼상 26:25). 물론 이때 다윗의 가족도 망명길에 동행했지만 다윗은 사울 왕과 같은 안정된 거처가 없었다. 그래서 다윗은 자기 '길'로 갔다고 표현한다. 우리도 날마다 퇴근하며 자신의 상황을 돌아보고 정리하며 나의 인생길이 어디로 가고 있는지 생각할 수 있다. 물론 떠들썩한 세레모니는 아니지만 우리가 퇴근을 거룩한 의식으로 삼고 의미를 부여한다면 유익하다.

퇴근을 생각할 때 기억할 새로운 용어는 'Work & Life Balance'를 의미하는 '워라밸'이다. 일이 인생에서 중요하지만 우리 인생의 전부는 아니다. 퇴근해서 무엇을 하는가? 기본적으로 우리는 퇴근

후 휴식해야 한다. 퇴근한 후에는 가족과 함께하며 시간을 보내는 중요한 일을 제대로 하기 위해 노력해야 한다. 의도적으로 노력하지 않으면 쉽지 않다. 가족이라는 이름만으로 친밀함이 저절로 주어지지 않는다. 내가 할 수 있는 최선의 노력을 다해서 가족과 함께하려는 노력이 필요하다. 또한 퇴근 후에는 자신을 위한 시간을 확보할 수 있다. 취미생활이기도 하고 자기계발이어도 좋다. 좋아하는 것에 관심을 갖고 시도해보라.

퇴근은 집으로 돌아가는 일이다. 성경에서는 집으로 돌아가는 것을 영원한 퇴근, 죽음으로 비유하기도 한다. 우리 인생의 종착역인 영원한 집으로 돌아간다고 전도서 12장 5절이 이렇게 노래한다. "또한 그런 자들은 높은 곳을 두려워할 것이며 길에서는 놀랄 것이며 살구나무가 꽃이 필 것이며 메뚜기도 짐이 될 것이며 정욕이 그치리니 이는 '사람이 자기의 영원한 집으로 돌아가고' 조문객들이 거리로 왕래하게 됨이니라."

또한 우리는 퇴근에 담긴 영적 의미를 놓치지 말아야 한다. 예수님이 십자가 죽음을 앞두고 제자들에게 '퇴근사'를 말씀하셨다. 근심하지 말고 하나님을 믿듯이 예수님을 믿으라고 하신다. 이제 십자가 죽음 이후 부활하여 승천하면 가실 아버지 집인 천국에는 거처가 많다고 하신다. 그 거처를 예비하러 가신다. 그곳으로 영접해주신다. 예수님의 퇴근사는 영원한 집으로 퇴근한 후 우리가 살게 될 영원한 삶에 대해 많은 보장을 해주신다. 물론 우리는 아직 영원한 퇴근을 하지 않았다. 이 땅에서 할 일이 남았기 때문이다. 퇴근하기까지 우리는 우리 일에 최선을 다해야 한다.

오래전 한 선교사가 아프리카에서 귀국할 때 영국 왕이 사냥을 갔다가 귀국하는 배에 함께 탔는데 항구에서 성대한 세레모니가 있었다. 쓸쓸하게 하선하면서 선교사는 '왕이 사냥 갔다 오면서도 이런 환대를 받는데 나는 뭐지?'라고 생각했으나 하나님이 깨달음을 주셨다. 영원한 집으로 돌아가는 날 예수님과 천사들이 환영하며 맞아줄 것이다. 영원한 집으로 퇴근할 때까지 우리도 오늘 주어진 삶에 최선을 다해야 한다.

근심하지 말고 하나님을 믿으니 또 나를 믿으라고 하신 예수님을 의지하며 기도한다.

"오늘도 출근하고 퇴근하면서 일하게 하시는 하나님, 일을 마치고 퇴근하는 의미를 잘 살펴 의식으로 삼겠습니다. 퇴근을 훈련하며 가족과 함께 하는 생활도 의미 있게 인도해주소서. 또한 퇴사와 은퇴와 아울러 영원한 퇴근을 마음에 두고 오늘도 일하게 해주소서. 퇴근의 의미를 잘 살려 출근도 즐겁고 기대되는 직업인의 삶을 살아가도록 도와주소서."

〉〉〉 누가복음 8:40-48

간절히 터치하는 믿음

믿음

09

한 여인이 있었는데 절망스러웠다. 현대 의학에서 월경과다출혈 증이라고 하는 병으로 여인은 거의 모든 것을 잃었다. 건강을 잃었다. 재산을 잃었다. '이번에는 고칠 수 있을까? 이번에는? 이번에는?' 기대가 다 사라졌다. 12년을 그렇게 앓았으니 말이다. 성전 예배나 회당 집회에 참석하는 일에도 제약을 받았다. 레위기 15장에 따르면 이 여인은 부정한 상태였다. 피 흘리는 사람의 침상도, 앉은 자리도, 옷도 다 부정했다. 결혼했다면 대개 남편에게 이혼을 당했다고 한다. 오랫동안 혈루증을 앓으며 이 여인은 그런 과정을 다 겪었다.

딱한 여인이 예수님을 만나서 보여준 믿음은 어떤 것이었을까? "예수께서 돌아오시매 무리가 환영하니 이는 다 기다렸음이러라. 이에 회당장인 야이로라 하는 사람이 와서 예수의 발아래에 엎드려 자기 집에 오시기를 간구하니 이는 자기에게 열두 살 된 외딸이 있어 죽어감이러라. 예수께서 가실 때에 무리가 밀려들더라. 이에 열두 해를 혈루증으로 앓는 중에 아무에게도 고침을 받지 못하던 여자가 예수의 뒤로 와서 그의 옷 가에 손을 대니 혈루증이 즉시 그쳤더라. 예수께서 이르시되 내게 손을 댄 자가 누구냐 하시니 다 아니라 할 때에 베드로가 이르되 주여 무리가 밀려들어 미나이다. 예수께서 이르시되 내게 손을 댄 자가 있도다. 이는 내게서 능력이 나간 줄 앎이로다 하신대 여자가 스스로 숨기지 못할 줄 알고 떨며 나아와 엎드리어 그 손 댄 이유와 곧 나은 것을 모든 사람 앞에서 말하니 예수께서 이르시되 딸아 네 믿음이 너를 구원하였으니 평안히 가라 하시더라"(눅 8:40-48).

지난 12년 동안 하나님도 침묵하셨다. 여인이 왜 기도하지 않았겠는가? 그러나 하나님은 응답하지 않으셨다. 버림받았다는 느낌을 떨치지 못했으리라. 많은 의사에게 치료받았으나 소용없었다(막 5:26). 몸의 고통도 힘들었지만 시간이 흘러갈수록 희망이 없어지는 것이 더욱 괴로운 문제였다. 이제 몸이 망가지면서 돈도 없고 가정의 행복도 더 이상 꿈꿀 수 없었다.

이 딱한 여인은 귀신도 내쫓고 온갖 질병도 고치는 분 예수 그리스도에 대해서 들었다. 강한 자, 건강한 자를 위해서 오신 것이 아니라 병든 자, 바로 자신 같은 연약한 사람을 위해 오셨다고 하는 예수님에 대한 이야기를 들었다. 그러나 그런 소문을 들은 사람이 이 여인 하나는 아니었다. 여인은 엄청난 인파 속에 섞여서 예수님이 계신 곳으로 비집고 들어갔다. 그녀의 눈물에 젖은 눈에 군중의 모습이 흐릿하게 보인다. 사람이 너무나 많고 자기의 마음은 당연히 몰라준다.

그 여인이 사면초가에 빠지고 고민하다가 택한 방법은 바로 '터치' 였다. 예수님의 '옷 가' 에 손을 대었다. 유대인들의 겉옷은 사각형이고 네 귀에 술을 드리우고 푸른 색실로 장식을 한다. '옷 가' 는 바로 그 옷술을 말할 것이다. 여인이 그것을 잡았다. 그런데 예수님이 나중에 누가 내 옷에 손을 대었느냐고 하실 때 '손을 댄다' 는 단어는 '어떤 물체를 다른 물체에 붙잡아 맨다' 는 뜻이다. 여인은 자신의 손가락과 옷술이 서로 달라붙을 정도로 꽉 잡았다. 옷을 입고 있는 사람이 잘 느끼지 못할 옷술 부분을 택해서 간절하게 붙잡았다. 여인은 성육신하신 하나님이신 예수님께 간구했다. "이는 내가 그의 옷에만 손을 대어도 구원을 받으리라 생각함일러라"(막 5:28). 이것을 '터치 믿음' 이라고 표현할 수 있지 않을까!

이 터치 믿음에 대한 예수님의 반응은 필링(feeling)이었다. 예수님은 그 여인의 그 터치를 아셨다. 느낌이 왔다. 어떤 느낌이었을까? 예수님은 여인의 이웃에게 필링이 전해지게 배려하셨다. 믿음으로 옷술을 잡아 치유받은 여인을 그냥 가도록 두지 않고 붙잡으신 예수님의 의도가 있었다. 그 여인의 이웃들과 가지는 관계에서 일종의 '완치선언 인증샷'이 필요했다.

또한 그 여인의 믿음을 위해서도 예수님은 꼭 알려주어야 했다. 여인이 병이 낫고 혼자 돌아가 사람들에게 알리면 사람들이 예수님의 옷이나 비슷한 어떤 것으로도 병을 고친다고 착각했을 것이다. '터치 믿음' 은 미신이나 주술이 아니다. 공관복음이 모두 '그의 옷(가)' (눅 8:44, 막 5:27-28) '그 겉옷 (가)' (마 9:20-21)이라고 기록한다. '예수님' 의 옷을 믿음으로 터치해 병이 나았다. 여인의 필링 믿음은 필요한 사람에게도 도움을 줄 수 있었다. 여인의 놀라운 회복 이야기가 희망을 줄 수 있었다. 야이로의 딸은 죽었으나 예수님이 가서 살리셨다. 혈루증을 앓았던 여인에게서 간절히 터치하는 믿음을 본다. 그 터치는 필링이 되어 돌아왔다. 12년을 혈루증으로 앓은 여인이 회복되는 이적은 구원의 복음을 잘 반영하고 있다.

풀리지 않는 고질적인 문제들, 인생의 온갖 어려움을 주님께 가지고 나아가야 한다. 믿음으로 손을 뻗어 예수님의 옷 가를 만지며 주님만 의지하면 된다. 주님은 우리가 가진 문제를 아시고 해결할 준비를 하고 계신다. 사랑과 능력을 함께 가지고 계신 주님께 손을 대기만 하면 된다. 용기를 가지고 주님만 바라보면 된다.

간절히 터치하던 여인의 믿음을 본받아 하나님께 기도한다.

"환난 속에서 건져주시는 하나님, '환난 날에 나를 부르라. 내가 너를 건지리니 네가 나를 영화롭게 하리'(시 50:15)라고 하셨습니다. 저도 같은 심정으로 저의 모든 문제를 가지고 주님의 옷 가에 손을 댑니다. 사람들이 많고 자신은 부정해서 함부로 사람들에게 접근할 수도 없는 핸디캡이 있던 여인이 고침받았듯이 주님께서 치료해주시고 저의 모든 어려움을 해결해주소서."

>>> 누가복음 18:1-8

10
믿음

항상 기도하고
낙심하지 않는 믿음

    우리가 하나님께 기도할 때 하나님의 응답이 세 가지 있다고 알고 있다. 간단히 영어로 표현한다. 'Yes'와 'No', 그리고 'Wait' 이다. 기도에 대해서 응답에 초점을 맞추었고 너무 기계적이고 도식적으로 표현한 면은 있지만 충분히 수긍할 수 있다. 자신의 기도가 응답받기를 누구나 좋아하니 Yes가 가장 좋은 응답일까? 하나님이 원하시지 않는다고 깨닫고 No의 응답도 감사하게 받을 수 있다면 좋다. 그런데 '기다리라'(Wait)는 응답이 참 힘들게 느껴진다. 응답의 시간이 정해진 게 아니라 하염없이 기다려야 할 때 답답하지 않을 수 없다.

    예수님이 기다림의 응답으로 고달픈 상황에서 어떻게 기도해야 하는지 비유로 말씀해주셨다. "예수께서 그들에게 항상 기도하고 낙심하지 말아야 할 것을 비유로 말씀하여 이르시되 어떤 도시에 하나님을 두려워하지 않고 사람을 무시하는 한 재판장이 있는데 그 도시에 한 과부가 있어 자주 그에게 가서 내 원수에 대한 나의 원한을 풀어주소서 하되 그가 얼마 동안 듣지 아니하다가 후에 속으로 생각하되 내가 하나님을 두려워하지 않고 사람을 무시하나 이 과부가 나를 번거롭게 하니 내가 그 원한을 풀어주리라. 그렇지 않으면 늘 와서 나를 괴롭게 하리라 하였느니라. 주께서 또 이르시되 불의한 재판장이 말한 것을 들으라. 하물며 하나님께서 그 밤낮 부르짖는 택하신 자들의 원한을 풀어주지 아니하시겠느냐. 그들에게 오래 참으시겠느냐. 내가 너희에게 이르노니 속히 그 원한을 풀어주시리라. 그러나 인자가 올 때에 세상에서 믿음을 보겠느냐 하시니라"(눅 18:1-8).

한 도시에 하나님을 두려워하지 않고 사람을 무시하는 한 재판장이 있었다. 한 과부가 이 재판장에게 가서 자기의 원한을 풀어달라고 부탁했다. 복수하려는 것이 아니고 법적인 억울함을 호소했다. 자주 가서 하소연하니 귀찮아진 재판장이 번거로움을 당하지 않으려고 과부의 원한을 풀어주겠다고 했다. "불의한 재판장이 말한 것을 들으라"(6절). 예수님은 불의한 재판장이 과부의 소송에 그나마 관심을 가지고 해결을 해주기로 한 그 이유에 주목하라고 하신다. 하나님을 두려워하지 않고 사람도 무시하는 재판장인데 법이라는 권력을 손에 쥐고 있는 사람이다. '불의한 재판장'이라고 예수님이 명시적으로 규정하는 사람이다. 이런 사람이 귀찮고 번거롭고 장차 마음을 괴롭게 할 과부여서 미리 두 손 들고 항복했다.

따라서 어떻게 기도해야 하는가? 항상 기도해야 한다. 모든 문제를 주님의 손에 올려드려야 한다. 일상적으로 하는 일도 기도하는 마음으로, 주님께 그 모든 과정을 의지하면서 진행해야 한다. 유대인들은 다니엘처럼 하루에 세 번 기도하는 것을 최대한의 기도 횟수로 인식했다. 세 번을 넘어서 더 자주 많이 기도하면 그것은 하나님을 귀찮게 하는 것이라는 뜻이다. 아홉 시, 열두 시, 오후 세 시 정도에, 할 수 있으면 주로 성전에 올라가서 기도했다. 그러나 이것은 유대인들의 착각이다. 바울이 교정해준다. "쉬지 말고 기도하라"(살전 5:17). "모든 기도와 간구를 하되 항상 성령 안에서 기도하고 이를 위하여 깨어 구하기를 항상 힘쓰라"(엡 6:18). 기도는 기도하는 시간만 하고 나면 끝나는 것이 아니다. 우리 삶 자체가 기도여야 한다.

또한 기도하면서 오래 걸리더라도 낙심하지 말아야 한다. 당장 응답이 없어도 '기다림'의 응답을 우리는 꼭 기억해야 한다. 하나님이 분명하게 안 된다는 확신을 주시면 물론 수긍해야 한다. 포기할 것은 포기할 수 있다. 그런데 그렇지 않다면 기다려야 한다. 기도는 이렇게 인내하면서 계속해야 한다.

아울러 기도할 때는 그 근거가 정당해야 한다. 과부는 자기 욕심에 끌려서 불의한 일을 재판장에게 청탁하지 않았다. 약자인 자신을 돌보지 않는 원수에 대해 한이 맺힌 것이 있었다. 억울해도 제대로 말하지 못하고 돈이 곧 법인 사회에서 사법적 약자가 겪는 어려움이 있었다. 그런 정당한 문제를 가지고 재판장에게 요구했다. 과부가 할 수 있는 일이라곤 자주 가서 하소연하고 읍소하는 방법밖에 없었다.

우리 기도의 내용도 이렇게 정당해야 한다. 내가 잘못한 일이라면 손을 써서 죄를 가리려고 하듯이 계속 기도만 하면 안 된다. 엎드려 하나님 앞에서 죄를 회개해야 한다. 기도는 탐욕의 요술램프가 아니다. 원수를 갚는 복수의 도구도 아니다. 하나님 나라의 정의에 비추어 하등의 걸림돌이 없어야 제대로 기도할 수 있다.

비유의 결론을 예수님이 말씀하신다. "내가 너희에게 이르노니 속히 그 원한을 풀어주시리라. 그러나 인자가 올 때에 세상에서 믿음을 보겠느냐 하시니라"(8절). 하나님의 '속히'는 우리에게는 '속 터지는' 일 수도 있음을 기억해야 한다. 일터의 문제를 하나님께 기도하며 우리는 인내하는 연습을 해야 한다. 과부와 재판장의 비유가 기도에 있어서 중요한 인내에 대해 교훈해준다.

예수님의 가르침을 따라 인내하며 기도하기로 결심하며 하나님께 기도한다.

"우리가 기도하기를 원하시고 응답해주시는 하나님, 예수님이 비유로 가르치시는 기도의 교훈대로 믿음을 가지고 항상 기도할 수 있게 인도해주소서. 낙심하지 않고 정당한 근거를 가지고 기도하면 반드시 응답하시는 하나님 아버지를 신뢰하며 기도하기 원합니다. 항상 기도하고 낙심하지 않아서 예수님이 기뻐하시는 믿음을 가질 수 있게 도와주소서."

>>> 누가복음 17:1-10

우리에게 믿음을 더하소서

11

민음

겨자씨는 예수님도 비유를 통해 말씀하시지만 크기가 1~2mm에 불과한 작은 씨앗이다. 채소나 나물과 달리 1m 이상 자라기도 한다. 알렉산더 대왕은 이수스 전투 때 그리스 군대의 숫자가 적다고 무시하는 페르시아 제국의 다리우스 3세에게 충분히 맞설 만한 잠재력이 있다는 자신감과 경고의 뜻으로 겨자씨를 보냈다고 한다. 그 결과, 전투는 알렉산더의 승리로 끝나고 그리스가 유럽의 패권을 잡았으며, 페르시아의 다리우스는 이수스 전투 이후 쇠퇴의 길을 걸었다.

예수님이 믿음에 관해 제자들에게 교훈을 주셨다. "예수께서 제자들에게 이르시되 실족하게 하는 것이 없을 수는 없으나 그렇게 하게 하는 자에게는 화로다. 그가 이 작은 자 중의 하나를 실족하게 할진대 차라리 연자맷돌이 그 목에 매여 바다에 던져지는 것이 나으리라. 너희는 스스로 조심하라. 만일 네 형제가 죄를 범하거든 경고하고 회개하거든 용서하라. 만일 하루에 일곱 번이라도 네게 죄를 짓고 일곱 번 네게 돌아와 내가 회개하노라 하거든 너는 용서하라 하시더라. 사도들이 주께 여짜오되 우리에게 믿음을 더하소서 하니 주께서 이르시되 너희에게 겨자씨 한 알만한 믿음이 있었더라면 이 뽕나무더러 뿌리가 뽑혀 바다에 심기어라 하였을 것이요 그것이 너희에게 순종하였으리라. 너희 중 누구에게 밭을 갈거나 양을 치거나 하는 종이 있어 밭에서 돌아오면 그더러 곧 와 앉아서 먹으라 말할 자가 있느냐. 도리어 그더러 내 먹을 것을 준비하고 띠를 띠고 내가 먹고 마시는 동안에 수종들고 너는 그 후에 먹고 마시라 하지 않겠느냐. 명한 대로 하였다고 종에게 감사하겠느냐. 이와 같이 너희도 명령받은 것을 다 행한 후에 이르기를 우리는 무익한 종이라. 우리가 하여야 할 일을 한 것뿐이라 할지니라"(눅 17:1-10).

누가복음의 특징대로 예수님은 무리가 아닌 제자들에게 말씀하시며 교훈을 주셨다. 제자들이 섬기고 돌봐야 할 초신자들이 실족하여 시험에 들지 않도록 하라고 하셨다. 연약한 믿음을 가진 한 사람을 실족하게 하면 차라리 연자 맷돌이 목에 매여 바다에 던져지는 것이 낫다고 하셨다. 없을 수는 없다고 하시면서 그런 일을 하는 사람에게는 이런 심각한 형벌이 있다고 하시니 제자들은 난감하고 어쩌면 자포자기 심정이었을 듯하다.

또한 형제들이 죄를 범하면 경고하고 회개하면 용서하라고 하셨다. 하루에 일곱 번이라도 용서하라고 하시니 자기 힘으로는 감당하기 어렵다는 생각이 든 제자들이 예수님께 기도했다. "우리에게 믿음을 더하소서." 자신들의 믿음으로는 예수님의 말씀을 따를 수 없다는 절박한 현실 인식이 담겨 있는 기도이다. 물론 여기서 사도들이 기도한 믿음은 구원을 얻는 믿음이 아니라 성령의 은사 중에 있는 믿음, 우리가 보통 "믿음이 좋다!"고 말할 때의 그 믿음을 말한다. 그런데 제자들이 예수님께 믿음을 더해달라는 기도를 할 때는 아마도 믿음의 '양'을 염두에 두었을 듯하다. 그러나 예수님은 작은 믿음이라도 질이 좋은 믿음만 가지고 있으면 큰 능력을 행할 수 있다고 말씀하신다.

겨자는 씨가 작지만 꽤 높이 자라는 식물인데 그에 반해 예수님은 뽕나무를 말씀하셨다. 뽕나무는 뿌리를 깊게 내리고 10m 이상 자라는 나무이다. 그래서 밭에서 뽕나무 뿌리를 뽑는 일이 쉽지 않다. 뽑더라도 뽕나무를 바다에다 어떻게 심겠는가? 이런 불가능한 일이 겨자씨만큼 작은 믿음으로도 가능해진다고 예수님이 말씀하셨다.

예수님의 믿음 이해와 달리 사도들은 양적인 믿음, 뭔가 척척 이룰 수 있는 가시적 믿음을 바라고 기도했다. 이런 제자들의 왜곡된 믿음을 가르쳐주기 위해 예수님이 종의 비유를 들려주셨다(7-10절). 결국 종은 헌신해야 한다. 지시받은 일을 다 행한 후에도 "우리는 무익한 종입니다. 우리가 해야 할 일을 한 것뿐입니다"라고 고백하며 전적으로 주인을 섬겨야 한다. 설령 지금 당장 보상이 없고 칭찬받지 못해도 열심히 일하고 난 후 겸손한 태도가 우리 공동체를 세울 수 있는 구체적인 믿음이다.

그런데 누가복음 12장에서 예수님은 혼인 잔치에 참여하고 돌아오는 주인이 왔을 때 깨어 있는 종들이 복이 있다면서 이렇게 말씀하신다. "내가 진실로 너희에게 이르노니 주인이 띠를 띠고 그 종들을 자리에 앉히고 나아와 수종들리라"(눅 12:37). 종이 주인을 섬기는 상황과 정반대로 이제 주인이 종들을 식사 자리에 앉히고 수종들어 식사하게 한다는 말씀이다. 이 말씀은 천국 상급을 의미한다. 우리가 애쓰고 노력하고 헌신하면서 하나님 나라를 위해서 애쓰면 천국에서 하나님이 우리에게 놀라운 상급으로 채워주신다는 뜻이다.

우리도 믿음을 가지고 일하고 살아가면 우리 일터를 멋지게 세울 수 있다. 종의 자세로 일하는 믿음을 통해서 일터를 세울 수 있고, 동료를 실족케 하는 일도 피할 수 있다. 동료가 죄를 행할 때 그러지 말라는 경고에 권위가 생길 수 있다. 회개하는 동료를 용서할 수 있다. 믿음을 달라고 주님께 기도하면서 주님의 가르침대로 일하는 사람이 되려고 노력해야 한다.

예수님이 기뻐하시는 믿음을 위해 하나님께 기도한다.

"능력의 하나님, 제자들처럼 믿음을 더해주시기 원합니다. 충실한 종처럼 헌신하여 믿음을 실천할 수 있도록 인도해주소서. 우리의 직장 일, 가정생활, 앞날을 위한 준비, 그 모든 일을 열심히, 불평 없이 감당할 수 있게 함께하소서. 하나님 나라를 실현하는 믿음으로 아름다운 일터 공동체를 세울 수 있기 원합니다."

12
믿음

널빤지냐, 주님이냐?
그것이 문제로다!

크리스천의 신앙을 표현할 때 '베팅'(Betting)이라는 용어를 사용할 수 있을까? 고통과 위기의 순간에는 더욱 믿음에 도박성이 개입할 수 있을 것 같다. 풍랑 몰아치는 무서운 바다 위에서 나무로 만든 배의 널빤지 한 장에 자신을 의지하지 않고, 예수 그리스도께 자신을 맡기겠다는 결심을 해야 할 상황이 있다. 사실 물 위에 발을 디디고 빠지느냐 빠지지 않느냐 도박하면 결과는 뻔하다. 그런데 우리는 빠지지 않는다고 우기면서 우리가 가진 모든 것을 건다. 이것이 바로 크리스천이 가진 믿음의 특징이다. 베드로와 제자들의 풍랑 경험을 통해 확인해보자.

예수님이 제자들을 바다 위로 보내셨다. "예수께서 즉시 제자들을 재촉하사 자기가 무리를 보내는 동안에 배를 타고 앞서 건너편으로 가게 하시고 무리를 보내신 후에 기도하러 따로 산에 올라가시니라 저물매 거기 혼자 계시더니 배가 이미 육지에서 수 리나 떠나서 바람이 거스르므로 물결로 말미암아 고난을 당하더라. 밤 사경에 예수께서 바다 위로 걸어서 제자들에게 오시니 제자들이 그가 바다 위로 걸어오심을 보고 놀라 유령이라 하며 무서워하여 소리 지르거늘 예수께서 즉시 이르시되 안심하라. 나니 두려워하지 말라. 베드로가 대답하여 이르되 주여 만일 주님이시거든 나를 명하사 물 위로 오라 하소서 하니 오라 하시니 베드로가 배에서 내려 물 위로 걸어서 예수께로 가되 바람을 보고 무서워 빠져 가는지라. 소리 질러 이르되 주여 나를 구원하소서 하니 예수께서 즉시 손을 내밀어 그를 붙잡으시며 이르시되 믿음이 작은 자여 왜 의심하였느냐 하시고 배에 함께 오르매 바람이 그치는지라. 배에 있는 사람들이 예수께 절하며 이르되 진실로 하나님의 아들이로소이다 하더라"(마 14:22-33).

제자들이 갈릴리 호수 한가운데서 풍랑을 만났다. 예수님이 출발하라고 재촉하신 뱃길이었다. 예수님은 안 계신데 갑자기 돌풍이 불기 시작했다. 예수님과 제자들이 헤어졌을 때는 전날 초저녁쯤이었는데 밤 사경(새벽 3시에서 6시 사이)까지 제자들은 풍랑 속에서 죽을 만큼 고생했다. 제자들의 이 바다 여행길은 우리 인생길을 보여준다. 이 바다 여행길은 예수님께서 보내신 길이었다. 같이 가도 되었을 텐데 예수님은 제자들만 보내셨다.

우리 인생길도 그렇다. 하나님께서 목적이 있어서 우리를 이 땅에 보내셨다. 그래 놓으시고 주님은 우리 곁에 계시지 않고 우리만 남은 것 같아 보인다. 그러나 제자들을 보내시고 그 시간에 예수님은 산에서 기도하고 계셨다. 이것도 우리 인생과 같다. 예수님이 지금도 우리를 위해 기도하신다(롬 8:34, 히 7:25).

이렇게 바다 한복판에서 풍랑을 만났을 때 희끄무레하게 날이 밝아오려고 하는데, 저쪽에서 한 사람이 바다 위로 걸어왔다. 다들 유령인 줄 알았다. 예수께서 "나니 두려워하지 말라." 그렇게 말씀해주셨을 때에야 예수님인 줄 알았다. 감격한 베드로가 자기도 물 위로 걷겠다고 한다. 어부 출신 베드로는 잘 알고 있었다. 널빤지 한 장에 의지하고 망망대해에 떠 있는데, 그 널빤지를 포기하면 바다에 빠져 죽는 것을 잘 알고 있었다. 그러나 그는 널빤지 대신 주님을 의지하기로 결심했다. "주여, 만일 주님이시거든 나를 명하사 물 위로 오라 하소서."

이래서 인생은 어차피 도박이라고 하던가? 그렇다면 이것은 바로 '베팅 믿음'이다. 우리는 인생을 주님께만 베팅해야 한다. 베드로는 폭풍이 몰아치는 바다 위에서 예수 그리스도만을 바라보고 걸었다. 물론 왜 겁이 안 났겠는가? 몇 걸음이나 걸었을까. 발밑을 보니 시커면 물결이 출렁거렸다. 두려웠다. 그러자 베드로가 바닷속으로 빠지기 시작했다. 베드로가 소리쳤다. "주여, 나를 구원하소서!"라고 했지만, 사실 이때 베드로가 얼마나 급하게 살려달라고 소리를 질렀을지 짐작할 수 있다.

그런데 생각해볼 일이 있다. 물 위를 걷던 베드로가 바람이 무서워 빠졌는데, 빠지면 어떤가? 손 뻗으면 곧 구해주실 만큼 가까운 곳에 예수님이 계셨다. 소리치면 되지 않는가? "주여, 나를 구원하소서!" 또 빠지면 어떻게 하는가? 또 소리치면 된다. "주여!" 한마디만 해도 주님이 알아들으시지 않겠는가? 그러다가 또 빠지면 어떻게 할 수 있는가? 다시 소리치면 된다. 그날 날이 밝아왔으니 상황 끝났지 시간만 있었으면 백번이라도 빠지고 그때마다 소리칠 수 있었다.

주님께 "믿음이 작은 자여, 왜 의심하였느냐?"라고 꾸중을 들으면 어떻게 하는가? 아니 그럼 주님께 야단도 맞지도 않고 거칠고 험한 세상을 살겠다고 생각했단 말인가? 우리는 주님께 꾸중 들으며 험한 인생을 제대로 배워간다. 걱정 없다. 백번을 빠져도 소리만 지르면 손 내밀어 잡아주실 주님이 옆에 계신다. 이것이 바로 베팅 믿음의 축복이다.

늘 폭풍이 몰아치는 인생의 바다를 인정해야 한다. 피하려고 하지 않고 베드로처럼 널빤지를 벗어날 수 있다면 새로운 세계를 경험한다. 빠질 수도 있으나 소리치면 된다. "주님, 도와주십시오!" 고래고래 고함칠 수도 있다. 주님이 늘 곁에 계신다는 사실이 분명하기 때문이다.

늘 우리를 위해 기도하시는 예수님을 의지하며 기도한다.

"지금도 우리를 위해 하나님 우편에서 예수님이 간구하는 기도를 들으시는 하나님, 그 주님의 기도를 기억하며 고통이 있고 풍랑이 몰아치는 비즈니스 현장에서 주님만 바라보는 믿음을 주시기 원합니다. 백번이라도 손잡아주실 주님을 굳게 믿습니다. 물 위로 발을 내딛고 걸을 수 있는 믿음을 허락해주소서."